Schwarzwald
ELSASS
KOCHERSBERG
KAISERSTUHL
KARLSRUHE
Rastatt
BADEN-BADEN
Bad Rotenfels
Gaggenau
Bad Herrenalb
Wildbad
Bad Liebenzell
Calw
Zavelstein-Bad Teinach
Schömberg
Nagold
Altensteig
Freudenstadt
Horb a.N.
Sulz a.N.
Rottweil
Offenburg
Oppenau
Griesbach
Bad Peterstal
Bad Rippoldsau
Alpirsbach
Schenkenzell
Schiltach
Wolfach
Hausach
Haslach
Gengenbach
Lahr
Ettenheim
Rust
Europa-Park
Emmendingen
Waldkirch
Triberg
Schönwald
St. Georgen
Königsfeld
Furtwangen
Villingen-Schwenningen
Bad Dürrheim
Donaueschingen
FREIBURG IM BREISGAU
Breisach
Bad Krozingen
Staufen
Titisee-Neustadt
Hinterzarten
Lenzkirch
Schluchsee
St. Blasien
Todtmoos
Bonndorf
Blumberg
Stühlingen
Thayngen
Feldberg
FELDBERG 1493 m
Belchen 1414
Schauinsland 1284
Kandel 1241
Hornisgrinde 1164 m
Schliffkopf 1055 m
Brend 1148
Hochfirst 1190
Blauen 1165
Hochkopf 1263 m
Hohe Möhr 983
Hünersedel 744 m
Brandenkopf 931
Mooskopf 873 m
Rohrhardsberg 1152
Thurner 1034
Kniebis 967
Hagenau
Haguenau
STRASBOURG
Kehl
Schwarzwaldhochstraße
Badische Weinstraße
Route Verte
Grüne Straße
Freundschaftsstraße
Bäderstraße
STUTTGART ESSLINGEN AUGSBURG
TÜBINGEN KIRCHHEIM
BÖBLINGEN STUTTGART TÜBINGEN
TÜBINGEN ESSLINGEN
ULM AUGSBURG
RAVENSBURG FRIEDRICHSHAFEN
BODENSEE
Rhein
Neckar
Donau
Wutach
Kinzig

BILDFOLGE – Bilderreise durch das ELSASS
Contenu – circuits touristiques à travers l'ALSACE
Contents – journey through ALSACE

Wunderbares ELSASS

For Terre and Phil

A memory of some good times!

Jane xx & Mon xx

Christmas 1997

Wunderbares ELSASS

Text: France Varry

Fotografie:

Fridmar Damm
Horst Ziethen

Ziethen Verlag

ZIETHEN-PANORAMA VERLAG

ZIETHEN-PANORAMA VERLAG
D-53902 Bad Münstereifel-Langscheid, Flurweg 15
Telefon: (0 22 53) 60 47

2. Auflage 1993

Gesamtherstellung:
ZIETHEN-Farbdruckmedien GmbH
D-50999 Köln, Unter Buschweg 17
Telefon: (0 22 36) 6 10 28

Printed in Germany

Redaktion: Horst Ziethen und France Varry
Textautorin (französisch und deutsch): France Varry
Englisch-Übersetzung: Gwendolen Freundel

ISBN 3-921268-56-7

Bildnachweis auf der letzten Seite

Welch herrlicher Garten

„Welch herrlicher Garten!", rief Ludwig XIV, als er von den Höhen Savernes aus die wundervolle Provinz entdeckte, die der Westfälische Friede nach dem Dreißigjährigen Krieg (1648) gerade an sein Königreich angeschlossen hatte. Vor einer Kulisse von bewaldeten Bergen erstreckte sich die Elsässische Ebene zu Füßen des Sonnenkönigs; und wenn das Wetter sehr klar war, konnte er den breiten Streifen des Rheins sehen, überschattet vom Schwarzwald am deutschen Flußufer. Die Natur hat das kleinste Gebiet Frankreichs (8 324 km für 1 600 000 Einwohner), das Deutschland und die Schweiz als Nachbarländer hat, in der Tat sehr verwöhnt. Ein Land in Form eines Rechtecks von 200 km Länge und kaum breiter als 40 km, wenn man von dem kleinen Anhängsel absieht, das das Krumme Elsaß im Norden bildet. Zunächst hat die Natur das Land mit weitreichendem Grundwasser versehen, was seine hauptsächlichen Wasserreserven ausmacht und es außerordentlich fruchtbar macht. Außerdem hat sie das Gebiet mit natürlichen Grenzen versehen: im Norden trennt es der Fluß Lauter von Rheinland-Pfalz, und im Osten der Rhein von Baden-Württemberg. Im Westen teilt es die Gebirgskette der Vogesen von Lothringen ab, und im Süden isolieren es die ersten Ausläufer des Juragebirges von der Schweiz. Die Natur hat ihm ebenfalls eine perfekte Symmetrie der Landschaften zugeteilt: entlang des Rheins erstreckt sich der berühmte urweltliche Wald, ein Dschungel von Weiden, Ulmen und Eichen, die sich mit gewaltigen Lianen vermischen. Das Ried hinter dem Damm des Rheins ist ein Gebiet von Sümpfen, Wäldchen, Teichen und Flüßchen – ein echtes ökologisches Paradies, das zwischen dem Ill- und dem Rheinlauf gelegen ist; daran schließt sich die Ebene an, wo sich ein sehr fruchtbarer Schlick, der Lößboden, in unterschiedlich breiten Streifen abgelagert hat; danach kommen die untervogesischen Hügel, von den berühmten elsässischen Weinbergen bedeckt, und die Gebirgskette der Vogesen, der „Zwilling" des Schwarzwalds. Im Süden liegt der Sundgau, ein bewaldetes und talreiches Gebiet, von zahlreichen Flüssen durchzogen. Und zur Krönung des Ganzen hat die Natur die Provinz mit einer tiefen und friedvollen Harmonie von Farben und Formen eingehüllt.

Wir beginnen unsere Rundreise in Strasbourg, der wunderbaren Hauptstadt des Elsaß. Wir erkunden dann das Departement Bas-Rhin (Unterelsaß), das erstaunlicherweise mehr von deutschen Touristen als von Franzosen besucht wird. Liegt es daran, daß seine Bewohner dort lieber elsässisch sprechen als anderswo? Oder weil es mehr von germanischen Einflüssen geprägt ist? Wie dem auch sei, diese Region bietet zahlreiche Attraktionen, die es zu entdecken lohnt. Die berühmte elsässische Weinstraße bedarf kaum einer Einführung. Wir werden von Zeit zu Zeit eines ihrer malerischen Dörfer verlassen, um eine der berühmten Stätten zu besichtigen, wie z. B. den Mont Sainte-Odile (St.-Odilien-Berg) und die Haut-Koenisbourg (Hochkönigsburg). Über Sélestat (Schlettstadt) gelangen wir nach Haut-Rhin (Oberelsaß) und verfolgen unseren Weg bis Colmar, der Hauptstadt des Departements. Wir unternehmen einige Ausflüge in die Vogesen, bevor wir Mulhouse (Mülhausen), die zweitgrößte Stadt des Elsaß, erreichen. Anschließend durchqueren wir den Sundgau. Eine Fahrt stromaufwärts auf dem Rhein bringt uns nach Breisach am deutschen Ufer des Flusses.

Strasbourg (Straßburg)

Man muß in der Zeit sehr weit zurückgehen, um die Geschichte von Strasbourg zu erzählen; denn der Ort war schon in der Jungsteinzeit bewohnt. Sprechen wir zunächst von dem kleinen Fischerdorf des gallischen Stammes der Triboken an den Ufern der Ill. Eine keltische Gemeinde folgt darauf, und im Jahr 12 v. Chr. errichten die Römer dort ein Militärlager namens Argentoratum. Das römische Castrum, das zum Schutz vor Überschwemmungen des Flusses auf einer Anhöhe rings um das derzeitige Münster gebaut wurde, blieb leider nicht von den Invasionen der Alemannen und der Hunnen verschont. Im Jahr 407 verlassen die Römer Argentoratum, das Attilas Horden dann 451 vollständig zerstören. Unter König Chlodwig errichten die Franken den kleinen Marktflecken neu und taufen ihn Strateburgum – „Stadt der Straßen", ein bezeichnender Name für seine privilegierte geographische Lage. Das Christentum verbreitet sich in der Region. Im 9. Jh. ist Strasbourg Bischofssitz und erfährt unter der Autorität seiner Bischöfe Reichtum und Wohlstand. Bei der Teilung des Reiches von Karl dem Großen verbünden sich zwei Enkelsöhne des großen Kaisers, Karl der Kahle und Ludwig der Deutsche, gegen ihren Bruder Lothar. Sie besiegeln ihr Bündnis 842 durch den „Straßburger Eid", dem ersten Dokument in germanischer und romanischer Sprache.
Um das Jahr 1000 ist Strasbourg Stadt des Heiligen Römischen Reiches. Aber seine wahren Herrscher sind immer noch die Bischöfe. Der Bau der ersten Kathedrale durch Bischof Werner beginnt im Jahr 1015. Die Stadt wächst danach rasch. 1100 hat sie ihre Größe verdreifacht. 1201 erscheint das erste Siegel der Stadt, zur selben Zeit beginnen die Bürger der Stadt, an den bischöflichen Ratsversammlungen teilzunehmen. 1205 erhält sie den Titel Freie Reichsstadt, der ihr Freiheit und wichtige Privilegien verleiht. Philipp von Schwaben geht sogar so weit, die Bürger von Strasbourg von den Steuern zu befreien. Durch ihre Macht stark geworden, beschließen diese bald, sich von der Herrschaft der Bischöfe zu befreien. Im Jahr 1262 besiegen sie die bischöflichen Truppen in der Schlacht von Hausbergen, verwerfen daraufhin die Vormundschaft der dortigen adligen Familien und gelangen an die Macht. Strasbourg ist nun eine freie Reichsstadt mit einem demokratischen Regierungssystem, das bis zur französischen Revolution währt. Während des gesamten Mittelalters erfährt sie eine Zeit großen Wohlstandes und kann ihre Vorherrschaft im Handelswesen sichern. Nach dem Bau des Zollhauses und einer großen Brücke über den Rhein zwischen 1385 und 1388 dient sie als Transit- und Lagerstätte, was ihr gewaltige Geldsummen einbringt. Die nachfolgenden Kaiser gewähren der Stadt alle Privilegien, die sie verlangt, so sehr sind sie auf ihre Unterstützung angewiesen. Zwei Jahre überschatten jedoch diese Periode: 1348 grassiert die Pest; ein Jahr später werden die Juden, die man für die Ausweitung der Pest verantwortlich gemacht hat, massakriert. 1444 zählt Strasbourg 18 000 Einwohner, was für diese Epoche gewaltig ist.

Der Reichtum der Stadt begünstigt die Entfaltung eines intellektuellen und künstlerischen Lebens. Hunderte von Dombaumeistern und Handwerkern kommen aus ganz Europa, um das prachtvolle Münster aus Buntsandstein zu errichten. Seine spirituelle Ausstrahlung zieht große Persönlichkeiten an wie Gottfried von Straßburg, den Autor von „Tristan und Isolde", einem Meisterwerk der deutschen Literatur aus dem Mittelalter (13. Jahrhundert) und Sébastien Brant (15.–16. Jahrhundert), der das lange satirische Gedicht „Das Narrenschiff" schrieb. Erasmus von Rotterdam besucht die Stadt einige Male. Gutenberg erfindet dort die Buchdruckerkunst, was die Ausbreitung der Bibel und der Evangelien ermöglicht. Die Reformation naht. 1529 nimmt die strasbourgische Bevölkerung den lutherischen Protestantismus an. Calvin residiert ebenfalls in Strasbourg, aber seine Religion ist verboten. Die Hohe Schule, die aus der Reform hervorgegangen ist und 1538 von dem berühmten Pädagogen und Politiker Johann Sturm gegründet wurde, wird ein Jahrhundert später zur Universität. Gegen Ende des 16. Jahrhunderts ist Straßburg eine der blühendsten Städte des Hl. Römischen Reiches Deutscher Nationen. Es herrscht ein reges und aktives Treiben. Bücher aus den Strasbourger Druckereien gehen in alle Länder Europas. Der Wein- und Bierhandel, das Leder- und Edelmetallhandwerk stehen in der von ihren Stadtmauern geschützten Stadt in voller Blüte. Sie besitzt sogar ihre eigene Münze, den Strasbourger Taler, den man gegen fremde Währungen tauschen kann.
1681 marschieren die Truppen von Ludwig XIV in die Stadt Strasbourg ein. Blutige Schlachten erfüllten die letzten Jahrzehnte, und Strasbourgs Glanz verblaßte. Deutschland, durch den Dreißigjährigen Krieg

geschwächt, überläßt die Stadt dem Sonnenkönig. Strasbourg behält den größten Teil seiner Vorrechte, verliert aber etwas von seiner politischen Unabhängigkeit. Es wird auch ein anderes Aussehen erhalten. Fast ohne es zu merken, wird es zu einer richtig französischen „Königsstadt". Vauban errichtet dort die Hochburg. Der Kardinal von Rohan läßt sich einen prachtvollen bischöflichen Palast erbauen. Die Notabeln der Stadt wollen alle eine Residenz „à la parisienne". Voltaire, Rousseau und Beaumarchais kommen zu Besuch nach Strasbourg. Die französische und die deutsche Kultur treffen dort aufeinander. Goethe und Metternich studieren an der Freien Universität.

Als die Revolution in Frankreich ausbricht, steht auch Strasbourg in Flammen. Kellermann und Kleber, zwei der größten Generäle der revolutionären Armee, sind Söhne der Stadt. In den Salons des Bürgermeisters Friedrich, stimmt Rouget de Lisle, ein junger Offizier, zum ersten Mal im April 1792 ein Kriegslied für die Armee des Rheins an. Es wird berühmt, als es die aus Marseille kommenden Truppen übernehmen: die Marseillaise war geboren. Das Kaiserreich Napoleons vollendet die französische Integration von Strasbourg. Die Kaiserin Josefine, die der Stadt zahlreiche Besuche abstattet, ist die Urheberin der Errichtung der Orangerie. Die wirtschaftlichen Aktivitäten steigen im Laufe der darauffolgenden Jahre unablässig, vieles ändert sich. Das gräßliche Gerberviertel verschwindet. Die Uferstraßen werden gepflastert, während 1841 die Gasbeleuchtung und die Eisenbahn entstehen.

Obwohl der Krieg von 1870 vor der Tür steht, hat sich Strasbourg nicht auf die Verteidigung vorbereitet. 200.000 Geschosse ruinieren die Stadt direkt bei Beginn des Konflikts. Nach einer 50tägigen Belagerung ergeben sich die 80 000 Strasbourger der preußischen Armee und beklagen den Verlust zahlreicher historischer Gebäude, wie z. B. der Bibliothek in der Dominikanerkirche, die unschätzbare Werte enthielt. Die Stadt sowie das gesamte Elsaß werden deutsch. Zerstörte Stadtviertel werden im germanischen Stil wieder aufgebaut. Man legt große Hauptverkehrsstraßen auf Kosten von jahrhundertealten Baudenkmälern an. Strasbourg verliert etwas von seinem mittelalterlichen Aussehen, dafür werden die Hafenanlagen und das Straßennetz modernisiert.

Unter dem 1. Weltkrieg hatte Strasbourg kaum zu leiden. Am 2. November 1918 halten die Franzosen unter lautem Beifall der Bevölkerung ihren Einzug in die Stadt.

1939 werden zahlreiche Strasbourger in Richtung Südwesten Frankreichs evakuiert, hauptsächlich in den Périgord. Am 19. Juni 1940 besetzen die Deutschen Strasbourg, ohne daß ein Schuß abgefeuert wird, und hissen die Hakenkreuzfahne über dem Münster, das bis zum Kriegsende geschlossen bleibt. Die Einwohner, die geblieben sind, und diejenigen, die gewaltsam zurückkehren mußten, erfahren eine übertriebene Germanisierung. Kinder, die zu dieser Zeit geboren wurden, bekamen Namen wie Anita, Marlene, Paul oder Roland. Da diese Namen in beiden Sprachen gleich geschrieben werden, konnten sie nicht von den deutschen Behörden eingedeutscht werden, die aus einem Frédéric einen Fritz oder aus einem Guillaume einen Wilhelm machten! Die Allierten beschießen Strasbourg zweimal aus Versehen, was die Stadt nicht schöner macht. Die deutschen Truppen sind auf dem Rückzug und am 23. November 1944 marschiert die französische Division von Leclerc in die Stadt ein.

Heute ist Strasbourg die Hauptstadt des Elsaß, eine dynamische Industrie- und Handelsstadt mit ca. 250 000 Einwohnern. Strasbourg ist außerdem die zweite Universitätsstadt im Osten Frankreichs, zweiter französischer Flußhafen und Bischofssitz. Seit 1949 ist die Stadt Sitz des Europarats, der Europäischen Menschenrechtskommission und Versammlungsort des Europäischen Parlaments.

Aber Strasbourg ist in erster Linie eine reizende Stadt mit besonderem Charme, wo moderne Bauten wie der Europapalast sich harmonisch mit den architektonischen Erben verbinden, die von den Kriegen nicht zerstört wurden. Und sie ist vor allem eine vom Schicksal auserwählte Stadt, wo sich zwei Zivilisationen geistig und intellektuell miteinander verknüpfen. Begeben wir uns nun auf die Entdeckung dieser einzigartigen Stadt, wo die Musen auf den Straßen und den Steinen tanzen . . .

Die Kathedrale aus Buntsandstein aus den Vogesen – eine der schönsten, der geheimnisvollsten und der ausdrucksstärksten Frankreichs – ist ein so monumentales Thema, daß man Seiten bräuchte, um sie zu beschreiben. Es sei nur gesagt, daß dieses Meisterwerk gotischer Kunst auf den Grundmauern einer romanischen Basilika ruht, welche 1015 an der Stelle eines römischen und Merkur geweihten Tempels erbaut wurde. Ihre Errichtung dauerte fast drei Jahrhunderte, von 1176 bis 1439. Dombauherren, die aus Chartres gekommen waren, schufen das Kirchenschiff und schnitzten die wunderbaren Engelssäulen zwischen 1225 und 1275. Ab 1284 ließ der geniale Architekt Erwin von Steinbach den massiven Eingang der Kirche von 1015 abreißen, um die Hauptfassade im reinsten gotischen Stil zu bauen. Sein Sohn Johann führte nach seinem Tod im Jahr 1318 das Werk fort. Nach dessen Ableben wurde der Bau der Kathedrale unter der Leitung anderer Architekten weitergeführt. Zwei Türme wurden 1365 fertiggestellt. 1370 schloß Michael von Freiburg die Lücke zwischen ihnen unter der Rosette. 1399 fertigte Ulrich von Ensingen einen großen Nordturm, der mit der später von Jean Hültz aus Köln errichteten Turmspitze eine Höhe von 142 Metern erreicht. Während der Revolution wäre das Münster sicher verwüstet worden, wenn nicht ein schlauer Straßburger der Turmspitze eine enorme Jakobinermütze aus rotem Blech aufgesetzt hätte. 1903 gelang dem Architekten Knauth eine wahre Meisterleistung, als er den ersten nördlichen Pfeiler des Kirchenschiffes rettete, der zusammenzubrechen drohte. Schließlich wurde sie jedoch 1944 von amerikanischen Bomben getroffen.

Gegenüber dem Südportal der Kathedrale befinden sich die größten Museen der Stadt: das Museum des Liebfrauenwerks und der Rohan-Palast, der das archäologische Museum, das Museum der Schönen Künste und das Kunstgewerbemuseum beherbergt.

Das auf dem Vorhof der Kathedrale gelegene Haus Kammerzell ist die Königin der vielen alten Wohnstätten Strasbourgs. Nachdem wir den Kléberplatz besichtigt haben, wo sich die Aubette erhebt, den Broglieplatz, umgeben vom Rathaus und der Präfektur, und den Platz der Republik, eingerahmt von Bauwerken im wilhelminischen Stil, schlendern wir durch das charmanteste Viertel von Strasbourg: la Petite-France (Klein-Frankreich). Das ehemalige Viertel der Fischer, Maurer und Gerber, zwischen der St.-Thomas-Kirche und den Ponts-Couverts (Bedeckten Brücken) gelegen, bietet eine Reihe von Fachwerkhäusern, die sich an die Ill schmiegen oder malerische Straßen säumen. Wir spazieren weiter zur Vauban-Zitadelle, Werk des berühmten Architekten von Ludwig XIV, und zum Orangerie-Park, bevor wir uns ein Glas Kronenburg-Bier oder einen der berühmten Weine des Landes in einer „Winstub" schmekken lassen.

Jenseits des Waldes

Der Wald ist der Haguenauer Forst, einer der größten Wälder Frankreichs: 15 000 ha bewaldete Pracht, wohin sich im 6. und 7. Jahrhundert Mönche flüchteten. Die größte Eiche des Elsaß ragt in der Nähe einer Kapelle auf und weckt die Erinnerung an einen von ihnen – St. Arbogast, der später Bischof von Strasbourg wurde. Jenseits des Waldes, das ist das Land, das sich vom Waldesrand bis nach Wissembourg an der französisch-deutschen Grenze erstreckt. Malerische Ortschaften, in blühende Talmulden gebettet, bewaldete oder bestellte Hügel, Obstgärten – dieses grünende Gebiet läßt uns eine bäuerliche und für die elsässische Ebene charakteristische Landschaft entdecken. Hier haben die Autoren Erckmann und Chatriand die Figuren aus ihrem berühmten Roman „L'ami Fritz" spielen lassen. Folgen wir den Spuren von Kobus oder Suzel durch die typisch elsässischen Dörfer, die das Dekor aus vergangenen Zeiten bewahrt haben. Betschdorf am Saum des Heiligenwaldes ist bekannt für seine Herstellung von grau-blauem, mit Salz überzogenem Steingut, dessen Ursprung man bis zum 14. Jh. in Deutschland in der Umgebung von Aachen, Köln und später im Westerwald zurückverfolgen kann. Schlendern wir durch die Rue des Potiers oder durch die Rue du Dr. Deutsch, die von Fachwerkhäusern aus dem 18. Jahrhundert gesäumt sind, und betreten wir eine der zahlreichen Steingutwerkstätten – alle eine Augenweide! Nachdem wir eine Gugelhupfform oder einen Weinkrug erstanden haben, gehen wir ins Steingutmuseum, um etwas mehr über diese traditionelle elsässische Kunst zu erfahren und um die ebenfalls prachtvolle Keramik von Soufflenheim, dem Konkurrenzdorf, das auf der anderen Seite des Waldes gelegen ist, zu bewundern.

Der Gasthof „Au Boeuf" in Sessenheim birgt Andenken an die Romanze zwischen Goethe, der in Strasbourg studierte, und Frédérique Brion, der Tochter des Dorfpastors. Hunspach, Oberseebach, Schönenburg, Hohwiller – alle nur einige Kilometer voneinander entfernt – sind bis heute sehr wenig von den großen touristischen Strömen berührt worden. Wir finden dort keine Hotels, aber weiße Fachwerkunterkünfte mit gewölbten Fensterscheiben, durch die man hinausschauen kann, ohne von außen gesehen zu werden; alte Pumpbrunnen in malerischen Innenhöfen, aparte Blumendekorationen; Bauern, die friedlich ihrer Arbeit nachgehen... Plötzlich fühlen wir uns in eine Atmosphäre früherer Zeiten versetzt. Wenn wir warten, bis die Kirchgänger aus der Sonntagsmesse von Oberseebach kommen, sehen wir noch Bäuerinnen in traditioneller Tracht. Und im Juli können wir der „Streisselhochzeit" beiwohnen, und wir werden sicher zum Hochzeitsmahl eingeladen!

Die Maginot-Linie, ein Befestigungssystem zur Verteidigung der Grenzen während des Zweiten Weltkriegs, verlief vor diesen Dörfern. Auf der Straße von Wissembourg ragen die Stahlkuppeln der unterirdischen Unterschlüpfe in die Landschaft. Und in der Nähe von Hunsbach kann man von März bis September die Bunkerfestung von Schönenburg besichtigen – einen vollständig eingerichteten Bunker, der 500 Soldaten Schutz bot.

Bevor wir uns nach Wissembourg (Weißenburg) begeben, machen wir einen kleinen Abstecher nach Merkwiller-Pechelbronn, ehemalige Hochburg der französischen Erdölproduktion. Bereits Ende des Mittelalters nutzten die Bauern eine teerhaltige Quelle, um Wunden und andere Krankheiten zu heilen. Aber erst im 18. Jahrhundert erkannte man, daß es sich bei dem schwarzen Öl, das im Wasser enthalten war, um Erdöl handelte. Die Erdölförderung, die während vieler Jahre blühte (70 000 t pro Jahr), hatte 1960 ein Ende. Angesichts der niedrigen Preise anderer erdölproduzierender Länder war sie nicht mehr rentabel. Die unglückliche Entscheidung, die Brunnen zu schließen, indem man Beton eingoß, wurde später, zur Zeit der Ölkrise, bereut. Heute ist die Stadt ein Thermalbad, wo Rheumatismus und Arthrosen behandelt werden. 1910 entdeckte man die Helionsquelle bei einer Erdölbohrung.

Wir gelangen nun nach Wissembourg, das sich romantisch über mehrere Flußarme der Lauter erstreckt. Jedes französische Kind kennt das Lied über den guten König Dagobert, der seine Hose falsch herum angezogen hatte... Um eine Abtei herum, die er im 7. Jahrhundert gegründet hatte, entwickelte sich diese fesselnde und mit historischen Andenken erfüllte Stadt. Sie war Mitglied der „Decapole", des elsässischen 10-Städte-Bundes, der Ende des Mittelalters vom Kaiser Karl IV gegründet wurde, und war 1720 der vorübergehende Zufluchtsort des entthronten Königs von Polen, Stanislas

Leczinski und seiner Tochter Marie. 1725 hielt dort der Herzog von Antin im Namen des damals 16jährigen Königs Ludwig XV um ihre Hand an. Besichtigen wir zunächst das Westerkamp-Museum (nach einem Wissembourger Mäzen benannt), das in zwei schönen Renaissance-Häusern untergebracht ist, wo man sehr interessante archäologische und militärische Sammlungen und traditionelle Kunst betrachten kann. Spazieren wir anschließend in den alten Straßen und an den von Holzfachwerkhäusern gesäumten Ufern der Lauter entlang. Hier steht das Salzhaus von 1450 mit seinem merkwürdig gewellten Dach, dann ein Eckhaus mit einem sehr schönen Erkerfenster und einer Renaissance-Pforte, genannt „Maison de l'ami Fritz", da es als Kulisse für den verfilmten Roman diente, und in der Nähe das Haus Vogelsberger, ein sehr schöner Wohnsitz von 1540. In der Stadtmitte neben der St.-Peter-und-Paul-Kirche, wie viele Bauwerke dieser Gegend aus rotem Sandstein gebaut, steht ein wunderschönes unvollendetes Benediktinerkloster. Die ehemalige gotische Abtei birgt ein Gemälde vom heiligen Christophorus von 11 Metern Höhe. Bleiben wir in der Hauptstraße vor dem „Holzapfel" stehen, einem ehemaligen Rasthaus, wo Napoleon Bonaparte Halt machte, und beenden wir unseren Rundgang im Restaurant des entzückenden „Hôtel de l'Ange" mit seinen im Wasser der Lauter stehenden Mauern und seinem hübschen Innenhof. Sonntags werden Sie leider vor verschlossenen Türen stehen, denn an diesem Tag ist, wie in vielen anderen Stätten in dieser Region, Ruhetag. Die Unterkunftsmöglichkeiten sind in dieser Ecke des Landes übrigens eher begrenzt, und man sollte besser im voraus reservieren lassen.

Wir verlassen Wissembourg in Richtung Lembach, Niederbronn-les-Bains, über die Dörfer Offwiller und Bouxwiller (Buchsweiler), um in das Krumme Elsaß zu fahren. Nachdem wir den Pigeonnier-Paß (432 m) überquert haben, befinden wir uns in einem Universum von dichten Wäldern, Schlössern und prächtigen Felsen. Herden von Damhirschen, Rehen oder Gemsen versperren uns womöglich den Weg; auf jeden Fall grüßen uns Schafe von den grünenden Höhen nahe Climbach.

Romantiker unternehmen einen Abstecher zu den mittelalterlichen Burgen von Fleckenstein, Hohenburg und Wasigenstein, letztere – so sagt man – war eine Räuberhöhle. Wir verfolgen unseren Weg weiter bis Niederbronn-les-Bains, dem berühmtesten Thermalbad des Elsaß. Es war bereits im hohen Mittelalter bekannt; davon zeugen zahlreiche Überreste, die um die chlorid- und kohlensäurehaltige Wasserquelle gefunden wurden. Das kleine kokette Städtchen hat nur wenige Besonderheiten, wie z. B. sein Casino – das einzige im Elsaß –, das 1824 eröffnet wurde, und seinen Friedhof mit Gräbern, die aus den Kämpfen von 1870 stammen, darunter insbesondere das Grab eines deutschen Leutnants und seines französischen Kollegen, die bei einer Expedition des Grafen Zeppelin gefallen sind.

Wie schön ist doch die Landschaft ringsum! Wir durchqueren gerade den Parc naturel des Vosges du Nord (Naturpark Nordvogesen, 117 500 ha), der 1976 angelegt wurde und dessen Verwaltungssitz sich im Schloß Petite Pierre (Lützelstein), unserer nächsten Station, befindet. An dieser Stelle haben die Berge aus Sandstein eine durchschnittliche Höhe von 350 m (der höchste Gipfel ist der Große Wintersberg mit 581 m). Herrliche Landschaften tun sich vor unseren Augen auf: dichte Laub-und Nadelwälder, Unterholz, wo Heidelbeeren, Farne und Erika gedeihen . . . träge Flüsse, romantische Teiche, beeindrukkende Felssteine, mit Feldblumen bedeckte Wiesen. Die Flora, eine der schönsten Europas, existiert dank des günstigen Klimas, das sich aus kontinentalen, nördlichen, atlantischen und südlichen Einflüssen zusammensetzt.

Wir machen Halt in Offwiller, einem hübschen kleinen Dorf am Berghang, das eines der reizendsten bäuerlichen Museen beherbergt, die man fast überall in dieser Region findet. Das Haus Offwiller ist in einem ehemaligen Winzerhaus untergebracht. Es ist das Werk aller Dorfbewohner, die ihm Werkzeug, Möbel, Küchenutensilien und Trachten übertragen haben. Man kann es nur sonntags besichtigen; wenn wir uns jedoch an das Rathaus wenden, wird man uns auch sicherlich an einem anderen Wochentag die Türen öffnen. Wenn wir das Glück haben, unseren Ausflug am ersten Fastensonntag zu unternehmen, dann können wir dem „Schieweschlawe-Fest" beiwohnen. Dabei wirft man brennende Holzscheiben, die die Wiederkehr der Sonne und das Erwachen der Natur symbolisieren, oben vom Hügel herunter. Auf unserem Weg fahren wir an pittoresken und bei den Touristen wenig bekannten

Ortschaften vorbei. In Ingwiller besichtigen wir eine sehenswerte Synagoge, über der sich eine runde Kuppel erhebt; und in Neuwiller-les-Savernes (Neuweiler) die eindrucksvolle römische St.-Peter-und-Paul-Kirche.
Wir machen einen kleinen Umweg durch Bouxwiller (Buchsweiler), einem Dorf, das in eine blühende Landschaft eingebettet liegt, und das Goethe die Sinnlichkeit der elsässischen Landschaft enthüllte. Außer einem reizenden Renaissance-Rathaus, einer protestantischen Kirche aus dem 17. Jahrhundert mit einer Silbermann-Orgel und einem Museum, das eine eindrucksvolle Sammlung von farbenprächtigen traditionellen Möbeln und Lothringer Steingut birgt, ist die ehemalige Hauptstadt von Hanau-Lichtenberg vor allem reich an Holzfachwerkhäusern mit hübschen Giebeln und wunderbaren Höfen. In der Nähe ragt der Bastberg oder Mont Saint-Sébastien auf, ein isolierter Kegel von 326 m Höhe, von dem aus man deutlich das Straßburger Münster sehen kann. Dieser windige Hügel, den Goethe gern bestieg, war ein wichtiger Ort der Hexerei im Elsaß. Die Frauen hielten dort ihren Sabbat ab; und der Nachbarort Weiterswiller ist, so sagt man, heute noch eines der am meisten „verhexten" Dörfer der Provinz!

Alsace-Bossue oder Krummes Elsaß

La Petite Pierre (Lützelstein), mitten im Herzen des Waldes gelegen, ist ein sehr geschätzter Luftkurort und Ausgangspunkt für Ausflüge in den Parc naturel des Vosges du Nord, zum Imsthaler Teich, nach Altenburg mit dem Turenner Turm, zum Weißen Felsen (Rocher Blanc) oder zum Saut du Chien. Dieser ehemalige Garnisonsplatz, der im 17. Jahrhundert von Vauban – Ingenieur und Marschall von Ludwig XIV – befestigt worden war, wurde nach dem Krieg von 1870 von den Preußen stillgelegt. Wir besichtigen das Schloß, seine südliche Einfriedung mit einem Wachrundgang, Türmen, mit Basteien und weiter unten einer in den Felsen gebauten Zisterne. Wir verlassen diese Stelle und halten noch einmal am Ausgang an, um das wunderbare Panorama der Altstadt zu bewundern.
Wir gelangen jetzt in das Krumme Elsaß, wo der Wald allmählich verschwindet, um einer Landschaft aus Sandstein und Mergel zu weichen. Die Vegetation ist dürftig, und es wird hauptsächlich Viehzucht betrieben. Im Grunde gehört dieses Gebiet geographisch zur Lothringer Ebene. Zur Zeit der Revolution wurde sie aus Konfessionsgründen dem Elsaß angegliedert: der Protestantismus war hier vorherrschend, was in Lothringen nicht der Fall war. Das Krumme Elsaß ist eine touristische Wüste. Seine Hauptstadt Sarre-Union hat nicht einmal die Ehre, im Guide Michelin zu stehen. Die hübsche kleine Stadt mit 4000 Einwohnern, die an das Ufer der Saar geschmiegt liegt, ist jedoch mit schönen alten Häusern mit Erkerfenstern (das schönste stammt aus dem 16. Jahrhundert und ragt am Ende der Grand'Rue empor), mit einem bewundernswerten Renaissance-Brunnen und mit religiösen Bauten geschmückt, die unschätzbare Reichtümer bergen. Mackwiller ist ebenfalls interessant, vor allem für Archäologie-Liebhaber. In dieser ehemaligen römischen Stadt können sie in aller Ruhe Überreste einer Villa mit ihren Thermen, ein gallisch-römisches Mausoleum und die Überreste eines Sanktuariums bewundern, das dem Gott Mithra geweiht war. In Drulingen kann man die „Seebs" besichtigen, von denen das Dorf umgeben ist. In den Wäldern von Hinterwald und Hagelbach, in der Nähe eines Arzthauses der Gemeinde, hat man acht dieser Unterschlüpfe identifiziert, die in der Jungsteinzeit oder sogar in der Altsteinzeit gegraben worden sind. Diese enormen Höhlen waren wahrscheinlich mit einem Dach aus Tierfellen bedeckt und dienten vielen Personen als Unterkunft.
Seitlich in die Hügel eingegrabene Höhlen beherrschen das winzige Dorf Graufthal. Einige waren noch Ende der Fünfziger-Jahre bewohnt. Wir sind nun an der äußersten Grenze des Krummen Elsaß, in Phalsburg, angelangt. Die Stadt, deren Stadtmauern nach 1870 von den Preußen abgerissen wurden, war der Geburtsort vieler tapferer Männer. Mehr als 20 Generäle Napoleons erblickten hier das Licht der Welt, u. a. George Mouton, der seine Statue auf der Place d'Armes hat. Der Mann, von dem der Kaiser sagte: „Mein Schaf ist ein Löwe" („mouton" heißt auf deutsch Schaf). Das aus dem 17. Jahrhundert stammende Rathaus beherbergt ein Museum mit Andenken an Emile Erckmann, der ein Sohn dieser Stadt ist. Gemeinsam mit Chatrian ist er Autor von zahlreichen bodenständigen Romanen.

Blick auf die Ebene

Wir haben das Krumme Elsaß an der schmalsten Stelle der Vogesen (4 km) über den Col de Saverne (410 m hoch) verlassen. Bewaldete Abhänge fallen sanft vor uns ab. Wir sind von dem mächtigen Gebirge umgeben; die sandsteinhaltigen Vogesen wallen gen Norden, die kristallinen Vogesen steigen steil gen Süden auf. In der Ferne erstrecken sich das Ackerland zwischen der Ill und dem untervogesischen Piemont, und das hügelige Gebiet von Kocherberg zwischen den Flüsschen Zorn und Bruche. Eine Farbensymphonie schmeichelt unseren Augen, die reiche Palette des Grüns und Gelbs der Wälder, Obstgärten, Hopfen-, Sonnenblumen-, Tabak- und Maisfelder, die weißen Flecken der Dörfer, die in die sonnigen Täler eingebettet liegen und, wenn das Wetter sehr klar ist, am Horizont der Silberstreifen des Rheins. Den Blick noch geblendet vom harmonischen Panorama, gelangen wir nach Saverne, der Pforte des Elsaß.

Die ehemalige Tres Tabernae (die drei Herbergen), wie die Römer sie nannten, hat eine bewegte Geschichte. Durch ihre strategische Position wechselte sie oft den Herrscher. Im Mittelalter gehörte sie dem Bistum von Metz, daraufhin war sie im Besitz der Herzöge von Schwaben, um vom 13. Jahrhundert bis zur Revolution wieder den Bischöfen von Strasbourg zu gehören. 1525, während des Bauernkrieges, bemächtigten sich die aufständischen Bauern ihrer, aber nachdem sie vor dem Herzog von Lothringen kapitulierten, wurden sie von den Haudegen des Siegers, die seine Gnadenbefehle mißachteten, grausam niedergemetztelt.

Wir beginnen unsere Besichtigung im Rohan-Palast, der den Beinamen „Elsässisches Versailles" trägt. Dieses prächtige Gebäude aus Buntsandstein wurde zwischen 1779 und 1789 nach den Plänen des Architekten Salins de Montfort für den Bischof Louis-René von Rohan Guéménée wiederaufgebaut. Während wir die prachtvolle 135 m lange Hauptfassade bewundern, erinnern wir uns an die traurige Geschichte von Louis-René, der so leichtgläubig war und so vernarrt in Marie-Antoinette, daß er sich dummerweise in der berühmten Geschichte des Halsbandes der Königin kompromittieren ließ, seines Amtes enthoben wurde und Louis XVI ihm seine Gunst entzog. Jeden Sommer erzählen mit Ton und Lichteffekten untermalte Darstellungen die dramatische Geschichte wieder. Nachdem das Schloß unter Napoleon III. Beamtenwitwen als Residenz und bis 1944 als Kaserne gedient hatte, beherbergt es heute die Stadtverwaltung, den Festsaal, die Jugendherberge und das Archäologische Museum sowie das Museum für Kunst und Geschichte. Wir besichtigen anschließend die Gemeindekirche Notre-Dame, deren Glockenturm aus dem 12. und das Schiff aus dem 15. Jh. stammt. Ihre Schätze sind vier Holzbilder der deutschen Schule aus dem 15. Jh., ein Hochrelief aus weißem Marmor, 16. Jh., das die Jungfrau und den Heiligen Joseph darstellt, die Christus halten, und vor allem eine bewunderswerte Kanzel von 1497, geschaffen von Hans Hammer, der auch die Kanzel des Straßburger Münsters gestaltet hat. Wir spazieren die Grand-Rue entlang, die von mehreren schönen Häusern aus dem 17. Jh. gesäumt ist, bis zur Rekollektenkirche in der Rue Poincaré. Ihr ehemaliger Kreuzgang im gotischen Stil, von den Augustinermönchen von Obersteigen Anfang des 14. Jahrhunderts gebaut, besitzt interessante Fresken aus dem 17. Jh. In der Kirche kann man schöne Werke bewundern, u. a. eine Alabaster-Pieta aus dem 16. Jh. und großartige Kirchenfenster aus dem 15. Jh. Bevor wir Saverne verlassen, machen wir zwei Spaziergänge durch den Botanischen Garten an der Route du Col (N 4), der 2000 Pflanzenvarianten birgt, und auf dem Saut du Prince Charles, einem 15 Meter hohen Felsen aus rotem Sandstein, wo man die Abdrücke eines Pferde-Hufeisens sehen kann. Laut Legende hat Karl, der Herzog von Lothringen, diese Böschung zu Pferde passiert, um Feinden zu entkommen, die ihn verfolgten.

Ganz in der Nähe von Saverne liegt das Schloß der Haut-Barr, das „Auge des Elsaß", (457 m hoch) auf drei 30 m hohen Felsen, von denen zwei durch eine Fußgängerbrücke miteinander verbunden sind, genannt die „Teufelsbrücke". Ein wunderbares Panorama offenbart sich über das Rheintal, das kleine Zorntal und auf die benachbarten Schlösser Groß-Geroldseck und Griffon. Die Haut-Barr wurde um 1090 erbaut, während eines großes Erdbebens 1356 schwer beschädigt und später von Richelieu niedergerissen. 1743 unvollständig wiederaufgebaut, wurde es während der Revolution endgültig zerstört. Das Schloß besitzt noch eine romanische Kapelle, Überreste des herrschaftlichen Wohnsitzes, der im 19. Jh. restauriert wurde, den Turm eines 100 Meter tiefen Brunnens und den Hof mit einer Bastei und einer geheimen Falltür. Die Haut-Barr hatte immer einen schlechten Ruf gehabt. Sie diente meistens als Gefängnis, aus dem man nicht herauskam, ohne zuvor im Ehrenhof geköpft worden zu sein. Jean von Manderscheid-Blankenheim ließ die Burg Ende des 16. Jahrhunderts bauen und gründete die Weingilde de la Corne. Um dort aufgenommen zu werden, mußten Anwärter ein mit vier Litern elsässischen Weins gefülltes Auerochsenhorn in einem Zug leeren. Heute kann man die köstlichen Landweine im rustikalen Schloßrestaurant probieren.

Ein gewisser Abt Maurus oder Maur soll die benediktinische Abtei Marmoutier im 8. Jh. gegründet haben, die dank der Spenden der Merowinger Könige sehr mächtig wurde. Eine andere Version erzählt, daß die Abtei bereits im 6. Jh. existierte. Jedenfalls geht der Name des Dorfes auf die Assoziation Maur und „moutier" zurück, was in altem Französisch „Kloster" bedeutet.

Le Mont-Sainte-Odile (Der Odilienberg)

Bevor wir uns auf die Weinstraße begeben, machen wir einen Abstecher zu einem Ort, wo Goethe, Maurice Barrès und so viele andere große Schriftsteller hinkamen. Die Rede ist vom Mont-Sainte-Odile, dem Heiligen Berg der Elsässer. Auf einem Berggipfel aus Buntsandstein gelegen, umgeben von dunklen Tannenwäldern, überragt das imposante Kloster die gesamte Region. Was soll man erzählen? Die Geschichte, die Legende, oder beides? Die Geschichte: im 7. Jh. übergab Adalric, Herzog von Elsaß, der auch Eticho genannt wurde, seiner Tochter Odile das Schloß Hohenburg, in dem sie das erste Frauenkloster der Region gründete. Das Christentum ließ sich auf dem Berg nieder, dank der zukünftigen Heiligen, die ein Leben voller Barmherzigkeit und Gebete führte, und die im 11. Jh. von dem elsässischen Papst Leo IX heiliggesprochen wurde. – Die Legende: Da Odile blind geboren wurde, glaubte Eticho, Gott wolle ihn für die schweren Sünden bestrafen, die er in seinem Leben begangen hatte. Er gab den Befehl, diesen lebenden Vorwurf zu beseitigen. Die Mutter, Bereswinde, rettete das Leben ihrer Tochter, indem sie sie der Äbtissin von Baumes-les-Dames anvertraute. Die kleine Blinde fand das Sehvermögen bei ihrer Taufe wieder und erhielt den Namen Odile, d. h. Tochter des Lichts. Später brachte sie ihr jüngster Bruder Hugo mit großem Prunk zurück in ihr Heim, der für diese Tat von seinem Vater getötet wurde. Der Herzog, von Gewissensbissen heimgesucht, überhäufte seine Tochter mit Gütern und schenkte ihr sein Schloß, um ein Kloster zu gründen.

Es ist recht schwierig, die von den Pilgern so gepriesene Atmosphäre von Schönheit und Licht inmitten einer Schar von Touristen nachzuempfinden. Nach der Haut-Koenisbourg (Hochkönigsburg) ist der Mont-Sainte-Odile mit mindestens einer Million Besuchern pro Jahr der meistbesuchte Ort des Elsaß. Wir steigen zur „Heidnischen Mauer" (Mur Païen) hoch, die den Berg 10 km lang umgibt. Diese außergewöhnliche Konstruktion soll aus dem Jahr 500 v. Chr., dem Ende des keltischen Zeitalters, stammen. Wie konnten Menschen dieser Epoche so enorme Steinblöcke, jeder mehrere Tonnen schwer, transportieren und aufrichten? Die Antwort bleibt bis zum heutigen Tag ein Mysterium.

Wir machen Halt in Ottrott, einem kleinen Dorf, wo die Häuser in einen großen Garten eingebettet zu liegen scheinen. Die Spezialität der Gemeinde ist ein roter elsässischer Wein, der eigentlich ein Pinot Noir Rosé ist. Im Sommer bietet ein kleiner Dampfzug, der von einer Lokomotive aus der Belle Epoque gezogen wird, eine angenehme Spazierfahrt zwischen Ottrott und Rosheim. Doch wir fahren in Richtung Boersch, auf einer von Apfelbäumen gesäumten Landstraße. Um dieses charmante rustikale Örtchen zu beschreiben, übergebe ich das Wort dem berühmten elsässischen Karikaturisten Hansi: „Man würde sagen ein Spielzeug, eine Ministadt, gebaut inmitten eines Ausstellungsparks von einem Architekten, der auf einem begrenzten Raum sämtliche Konstruktionen vereint hat, die für eine alte kleine Stadt des elsässischen Weinbergs charakteristisch sind." Und es stimmt – an dem Bild fehlt kein Element: ein Befestigungsgürtel, ein Renaissance-Rathaus und ein Renaissance-Brunnen, verschlungene Sträßchen, von Fachwerkhäusern gesäumt. Eine Kirche aus dem 18. Jh., hinter der sich eine Kapelle versteckt, geschmückt mit einem Christus auf dem Mont des Oliviers von 1723, ein typisches Bild für diese Region.

Die Weinstraße des Unterelsaß

Sie wurde schon so oft besungen, beschrieben und poetisiert, daß ich nur Allgemeinplätze benutzen kann, um von ihr zur sprechen. Sie schlängelt sich über 100 km von Marlenheim bis Thann für die Straßburger, von Thann bis Marlenheim für die Oberelsässer – durch Landschaften, die sich an Charme gegenseitig übertreffen. Wenn wir die Straße in Marlenheim oder Molsheim begehen, runden sich die bläulichen und violetten Linien der Vogesen am Horizont zu unserer Rechten. Große Flächen fließen uns in dunklem Grün entgegen, um die gelben Sonnenblumenfelder, die grün schillernden Maisfelder und die zartgrünen Weinberge zu treffen, verschlungen mit dem Braun der hohen Pfähle, die die Rebstöcke stützen. Vereinzelt in den Weinbergen gelegen, schmiegen sich kleine Dörfer rund um einen Spitz- oder Zwiebelkirchtum. Und überall entlang der Straße zeigen uns Schilder mit der Abbildung von dicken Gänsen den Weg zu Bauernhöfen, wo man Gänseleberpastete im Direktkauf erwerben kann; andere Schilder, mit Trauben geschmückt, weisen uns auf Orte hin, die Gelegenheit zu einer Weinprobe am Straßenrand bieten.

Der Ort Molsheim, der das Breuschtal öffnet, ist unsere erste Station auf der Weinstraße. Wir gehen an der mittelalterlichen Stadtmauer aus rotem Sandstein entlang, die von Häusern unterbrochen wird, bevor wir durch die Porte des Forgerons (1412), in die Stadt gelangen. Wir besichtigen das Schloß von Oberkirch (1770), die Metzig, ein wunderschönes Renaissance-Gebäude, von der Metzgergilde 1554 gebaut, und die Jesuitenkirche, die heute eine Gemeindekirche ist und um 1615 vom deutschen Architekten Christoph Wamser errichtet wurde. Berühmte Persönlichkeiten begleiten uns durch diese charmante alte Stadt, einst Zentrum der Gegenreformation, und die noch vor kurzem die Fabriken der Bugatti-Wagen beherbergte. Die Jesuiten empfingen dort Ludwig XIV im Jahre 1683; und Goethe, damals Student in Straßburg, erzählte 1770 seinen dortigen Besuch in seinen Memoiren. Jedem seine Nostalgie!

Drei Türme empfangen uns in Obernai (Oberehnheim), einer alten Stadt der Decapole. Der 70 m hohe Rathausturm, der ehemalige Turm einer mittelalterlichen Kirche (13. Jh.), deren Relikte es heute nicht mehr gibt, und der Turm der St.-Peter-und-Paul-Kirche, vor der eine Statue des Monseigneur Freppel aufragt, der ein Sohn der Stadt, Bischof von Angers und ein berühmter Theologe war (1827–1891). Er wollte, daß sein Herz nach Obernai zurückgebracht würde, sobald das Elsaß wieder zu Frankreich gehörte. In der Kirche birgt eine Nische heute das Herz des patriotischen Geistlichen. Der andere Turm auf der rechten Seite diente einst als Gefängnis. Obernai ist, nach Strasbourg, die am meisten von Touristen besuchte Stadt des Unterelsaß. Sie bietet typische und reizvolle Bilder dieser Orte an der Weinstraße, die Lebensfreude und Schönheit ausstrahlen: ein Gewirr von Gäßchen, gesäumt von Fachwerkhäusern mit schmucken Balkonen und Erkern, mit geschnitzten Portalen, über denen sich Embleme erheben, deren Motiv zumeist ein Rebmesser mit Weintrauben und einem Rebstock ist, eine schöne Fontäne, die hier Renaissance-Brunnen genannt wird und die in der Nähe vom Rathaus aus dem 16. Jh. steht, wo sich heute das Fremdenverkehrsbüro befindet. Bevor wir die Geburtsstadt der Heiligen Odile verlassen, steigen wir noch hinauf zum Kreuz, das in den Weinbergen oberhalb der Stadt aufragt. Es wurde zum Gedenken an die „Malgré-Nous" errichtet, die Elsässer, die während des Zweiten Weltkriegs gewaltsam zur deutschen Armee eingezogen wurden.

Hat sich der Ort Ittwiller für die Touristen so schön gemacht? Paare in Trachten spazieren durch die blumengeschmückte Hauptstraße. Akkordeonmelodien erklingen aus blühenden Innenhöfen. Wir sind mitten in ein Dorffest geraten. „Ausstellung der Gastronomie und der Weine aus dem Elsaß", gibt uns eine über die Straße gespannte Banderole bekannt. 30 Restaurants, Hotels und Konditoreien der Region bieten ihre Kreationen der Haute Cuisine an: Trüffelleberpastete-Briochen, Lachs und Hecht in pastellfarbener Soße, goldener Fasan und prächtige Obsttorten erhellen unsere Blicke und lassen uns das Wasser im Munde zusammenlaufen. Im Gasthaus des Dorfes genießen wir rustikalere und typischere Gerichte der Region: Flammenkuchen, Sauerkraut garniert nach Elsässer Art, Kirschwasser-Soufflés, alles von einem rassigen Riesling begleitet. Das Elsaß ist der Tempel der Schlemmer und Feinschmecker. Sei es an einem Holztisch in einer Winstub oder an einem fein gedeckten Tisch in einem Sternerestaurant: das Mahl, das man Ihnen servieren wird, bleibt Ihnen in unvergeßlicher Erinnerung.

Die Gasthausschilder „A l'Agneau" („Zum Lamm"), „A la Vieille Fontaine" („Zum Alten Brunnen"), „Aux Raisins d'Or" („Zur Goldenen Traube") begleiten uns bis Dambach-la-Ville. Am Ortseingang zeigt uns ein Schild, daß es in der kleinen mittelalterlichen Stadt 60 Weinverkaufsstellen gibt. Dambach ist der größte Weinbauort im Unterelsaß. Jedes Jahr in der ersten Augusthälfte findet das Weinfest statt, wo die Winzer der Gegend ihre besten und berühmtesten Weine zur Probe anbieten. Wie in vielen anderen kleinen Dörfern führt ein Fußweg durch die gewundenen Weinberge, aus deren Rebsorten der Sylvaner, der Pinot blanc, noir, rosé und rouge, der Riesling, der Muscat d'Alsace, der Tokay Pinot gris und der Gewürztraminer hergestellt werden.

Wir verlassen die Weinstraße, um die Benediktinerabtei in Ebermunster zu besichtigen. Nach einigen Kilometern ragen zwei Zwiebelglockentürme in reinstem Barockstil unpassend in der Feldlandschaft des Ried empor (es gibt noch einen dritten Turm, den man nicht auf den ersten Blick sieht). Die Geschichte von Ebermunster geht bis in die Anfänge des Christentums im Elsaß zurück. Die im 7. Jh. von Herzog Eticho, dem Vater von Odile, gegründete Abtei wurde während des Dreißigjährigen Kriegs zerstört und zwischen 1719 und 1727 von dem österreichischen Architekten Peter Thumb wieder aufgebaut. Das Innere der Abtei ist von einem unglaublichen Reichtum. Man muß unbedingt hineingehen, sei es auch nur, um das goldene Retabel des Hauptaltars und eines der schönsten Orgelgehäuse zu bewundern, die André Silbermann je gebaut hat.

Einige Kilometer weiter südlich liegt Sélestat (Schlettstadt), deren Namen „Stadt im Sumpf" bedeutet. Sie war die Residenz der Frankenkönige, Lehnsgut des deutschen Hohenstauffengeschlechts ab Ende des 11. Jahrhunderts, Zentrum des elsässischen Humanismus gegen Mitte des 15. Jahrhunderts und eine bedeutende Stadt der Decapole. Heute ist sie ein kleines Industriezentrum von ca. 15 000 Einwohnern zwischen Ober- und Unterelsaß. Sie ist auch ein touristischer Ort, der an einem Tag im Jahr von fast 100 000 Touristen besucht wird: am zweiten Sonntag im August kommen sie, um dem Corso fleuri, einem farbigen Umzug mit Hunderttausenden Dahlien beizuwohnen. Seine bedeutenden Bauwerke sind in der Altstadt angesiedelt, die vom Hexenturm und von der Glockenturmuhr, Überreste der mittelalterlichen Stadtmauer, überragt wird. Zunächst zwei herrliche Kirchen: Sainte-Foy (St. Fides), eines der schönsten romanischen Bauwerke des Elsaß, gebaut aus Buntsandstein und Granit aus den sandsteinhaltigen und den kristallinen Vogesen, und die St.-Georg-Kirche (13.–14. Jh.) die die Entwicklung des gotischen Stils bildhaft macht.

Als ich die Haut-Koenisbourg (Hochkönigsburg) zum ersten Mal im Alter von 10 Jahren gesehen habe, habe ich sie sofort zum Schloß meiner Träume gemacht. Vom viereckigen Bergfried aus warteten schöne Burgfräulein mit burgundischen Hauben klopfenden Herzens auf die Rückkehr ihrer Herren. Ihre Blicke erforschten die Ebene, durchdrangen die Tiefe der Wälder. Eine Staubwolke stieg in der Ferne auf. Die Diener öffneten die Stadtmauern, die Pferde galoppierten auf den gepflasterten Steinen, überquerten die Zugbrücke und tänzelten in den Ehrenhof. Ein großer Festschmaus war in den überwölbten Sälen des Herrensitzes bereitet. Ganze Wildschweine brieten in den Küchen . . . Ich wußte damals nicht, daß mein Ritterschloß kein echtes war und daß es nicht im Mittelalter, sondern erst Ende des letzten Jahrhunderts erbaut worden war. Ein anderes Gebäude hatte wohl im 12. Jh. existiert. Es gehörte dem deutschen Kaiser Friedrich I von Hohenstauffen, daraufhin den Herzögen von Lothringen und schließlich den Bischöfen von Strasbourg. Aber das war nicht dieses Schloß. Das Schloß meiner Träume war nur noch eine Ruine, als die Stadt Sélestat (Schlettstadt) es aus Loyalität 1899 Wilhelm II schenkte. Der Kaiser beschloß, die Festung wieder aufzurichten, und beauftragte Bodo Ebhardt, einen Spezialisten der mittelalterlichen Architektur, ein germanisches Lehnsschloß zu rekonstruieren. Bei seinem letzten Aufenthalt im Schloß im April 1918 ließ er die berühmte Inschrift „Ich habe es nicht gewollt!" über dem Kaminrost des Festsaals eingravieren. Damit meinte er nicht die sehr kritisierte Restauration des Bauwerks, sondern seine fragwürdige Rolle im Ersten Weltkrieg. Später habe ich das Schloß meiner Träume in dem Film „Die große Illusion" wiedergesehen, den Jean Renoir 1937 gedreht hat. Es war in meinen Augen unverändert romantisch und eindrucksvoll.

Die Weinstraße des Oberelsaß

Saint-Hippolyte und Rodern liegen zu Füßen der Haut-Koenisbourg in von Weinbergen umgebenen Tälern. Wir machen halt, um dort ihre bekannten „Crus" zu kaufen: den „Rouge de Saint-Hippolyte", der bereits im Mittelalter sehr geschätzt wurde, ist seit einigen Jahren wieder stark im Kommen. Der Pinot noir ist die Spezialität von Rodern. Kintzheim erzählt uns Tiergeschichten. In der Adlerwarte, die in dem im 15. Jh. erbauten Schloß untergebracht ist, kann man frei fliegende Adler, Falken, Geier und andere Raubvögel bewundern. Etwas weiter entfernt erfreut der Affenberg die Kinderherzen. Ungefähr 250 Meerkatzen, die aus Nordafrika importiert wurden, toben auf ungefähr 20 ha des Kintzheimer Waldes herum und sind überhaupt nicht scheu! Der Storchen- und Freizeitpark zieht jeden Sommer und an den Herbstwochenenden viele kleine und große Besucher an. Die Manegen, der kleine Zug, die Promenaden mit den Shetlandponys, die Zwergziegen aus Senegal, das Damwild, die Lamas, die australischen Emus, das große Aquarium mit Hunderten von Tropenfischen, die Schwäne und der Ententeich lassen uns einen herrlichen Nachmittag verbringen. Im „Zentrum zur Wiedereingewöhnung" für Störche versucht man, das Symboltier des Elsaß wiederanzusiedeln, das leider seit den sechziger Jahren in dieser Region zu verschwinden drohte. Mit großen Vogelkäfigen versucht man, den Wanderinstinkt des Storches auszuschalten, so daß er sich in Gefangenschaft vermehrt, bevor er wieder in die Freiheit entlassen wird. Vielleicht werden alle elsässischen Dörfer in einigen Jahren wieder bewohnte Storchennester haben, so wie früher.

„Drei Schlösser in einem Gebirge, drei Kirchen auf einem Friedhof, drei Dörfer in einem Tal, das ist das ganze Elsaß", besagt eine alte Redensart der Region. Drei beeindruckende Schlösser beherrschen die reizende Weinstadt von Ribeauvillé (Rappoltsweiler): das höchste ist das Ribeaupierre (642 m), gebaut Ende des 12. Jh. mit einem erstaunlich gut erhaltenen Burgfried; das rechte ist der Guisberg, ein Adlernest, das auf einer felsigen Bergspitze emporragt; das auf der linken Seite ist Sankt-Ulrich, das mächtigste und das am besten erhaltene der drei, mit einem von neun Doppelfenstern erleuchteten Rittersaal.
Die Carola-Quelle hat Ribeauvillé genauso berühmt gemacht wie seine Weine. Die meisten Sehenswürdigkeiten der Stadt liegen an der Grand-Rue: der Metzgerturm, die ehemalige Halle aux Blés aus dem 16. Jh. mit gotischen Rundbögen, die hübsche Renaissance-Fontäne vor dem Rathaus von 1713, die Gemeindekirche im gotischen Stil mit einer Jungfrau aus dem 15. Jh., die die elsässische Haube trägt, und das Ave-Maria-Haus, auch Pfeifferhaus genannt, ein Andenken an die Gilde der wandernden Musikanten, die sich einst jedes Jahr in der Stadt trafen.

Hunawihr, bekannt durch seinen Storchenpark und seine befestigte Kirche, jubelt, als wir dort ankommen. Das Volksfest des „Ami Fritz" findet zum 20. Mal auf dem blühenden Marktflecken statt. Wir probieren einen hervorragenden Markknochenkuchen mit einem Grand Cru Rosacker, bevor wir uns weiter auf den Weg durch die grünenden Anhöhen begeben. „Eines der schönsten Dörfer Frankreichs", sagt uns ein Schild am Eingang zu Riquewihr (Reichenweiher). Der Ausspruch ist nicht übertrieben. Jede Ecke des Ortes könnte als Postkartenmotiv dienen. Wir steigen zunächst auf den Dolderturm (1291), um eine schöne Aussicht über die gesamte Stadt zu genießen. Wir besichtigen dann das Obertor oder „Porte haute" und den Diebesturm mit der Folterkammer, die noch mit zweifelhaften Instrumenten ausgestattet ist. Anschließend wollen wir die Rue Principale, die Rue des Ecuries, die Rue des Juifs und die Rue des Trois-Eglises erforschen ... Auf jedem Schritt sehen wir ein schönes Quaderstein- oder Fachwerkhaus, ein originelles Schild, einen blühenden Innenhof, eine geschnitzte Pforte, ein Erkerfenster, einen Renaissance-Brunnen. Wir befinden uns schließlich vor dem Renaissance-Schloß der Herzöge von Württemberg, den Beherrschern des Ortes von 1324 bis 1796. Eine Anekdote: der Bischof von Strasbourg, der den deutschen Prinzen den Besitz der Stadt abstritt, überließ sie ihnen letztendlich gegen eine regelmäßige Lieferung von elsässischem Wein!

Die edlen Weine aus dem Elsaß! Auch sie haben eine ebenso bewegte Geschichte wie ihr Anbaugebiet! Es gibt sie schon seit grauer Vorzeit. Die ersten Rebstöcke wurden vermutlich von den Kelten gepflanzt, doch waren es die Römer, die die Liebe zum Wein in das Elsaß einführten. Am Anfang hatte es der Wein jedoch schwer. Im Jahre 90 n. Chr. ließ der Kaiser Domitian sämtliche Pflänzlinge ausreißen, da er die Konkurrenz für seine nationale Produktion fürchtete. Erst 272, unter der Herrschaft von Kaiser Probus, der selbst Sohn eines Winzers war, wurde der Weinbau in diesem Gebiet wieder eingeführt. Noch heute sind ihm die Elsässer auf ewig dankbar dafür. Die Alemannen und die Franken waren wahrscheinlich keine großen Weinliebhaber. Der Weinberg wurde während ihrer Invasionen erneut zerstört. Die Mönche, die später angekommen sind, lebten von Brot und Wein. Und sie müssen sich zwischen dem 7. und dem 10. Jh. gut ernährt haben, denn die Region zählte damals 119 Weinorte. So berühmte Abteien wie die in Fulda in Deutschland, Sankt Gallen in der Schweiz und Reims in Frankreich besaßen ihre Weinberge im Elsaß. Fast in ganz Mitteleuropa, an den Nordseeküsten und in England wurden die berühmten elsässischen Weine getrunken. Im Mittelalter hatte der elsässische Weinanbau seinen Höhepunkt erreicht. Allein die Colmarer verkauften 93 000 Hektoliter pro Jahr, die sie auf der Ill verschifften. Der Dreißigjährige Krieg zerstörte sowohl die Menschen als auch die Rebstöcke. Im 18. Jh. erhob sich das Gebiet langsam aus seinen Trümmern und aus seinen verwüsteten Weinstöcken. Aber im 19. Jh. erfuhr der Weinbau erneut schwere Krisen – eine gesundheitliche zuerst, und anschließend eine politische. Die Reblaus befiel die Weinberge, und das Elsaß wurde 1871 wieder an Deutschland angegliedert. Die Deutschen erlaubten die Wässerung und die Zuckerung des Weins, der dadurch an Qualität verlor und im Ausland nicht mehr verkauft werden konnte. Sie ließen auch die kranken Rebstöcke ausreißen und untersagten ihre Wiederanpflanzung.

Ab 1918 waren die Weinbauern, nun wieder zu Franzosen geworden, erneut Herr der Lagen. Sie sortierten die Rebstöcke und entfernten die am falschen Ort gepflanzten Weinstöcke, um wie früher ausschließlich erstklassigen Wein zu produzieren. Und es ist ihnen gelungen – die guten elsässischen Weine haben ihr internationales Prestige wiedererlangt.

Kaysersberg – in der ganzen Welt als der Geburtsort des Friedensnobelpreisträgers Dr. Albert Schweitzer bekannt, ist meine Lieblingsstadt im Elsaß. Seine Straßen sind von einer diskreten Eleganz. Die Häuser – Fachwerk- oder Patrizierhäuser – scheinen weniger für die Blicke der Touristen zugänglich zu sein als in den anderen Weinorten. Die Ufer der Weiss strahlen Gelassenheit aus. Man bekommt Lust, sich an die befestigte Brücke zu setzen und zu träumen . . . Doch die ehemalige Kaiserstadt, die ein Mitglied der Decapole war, besitzt einige Bauwerke, deren Besichtigung man nicht versäumen sollte: das Rathaus im Renaissancestil mit einem zweistöckigen Erkerfenster, die Heilig-Kreuz-Kirche (Eglise Sainte-Croix) mit einem sehenswerten Inneren, das zu einem Museum umgebildete Geburtshaus von Albert Schweitzer, und in der Grand-Rue ein bewundernswerter Renaissance-Brunnen, der eine deutschsprachige Aufschrift trägt mit dem Rat an die Passanten, lieber den alten köstlichen Wein zu trinken als das eisige Brunnenwasser.

Viele schöne Dinge gibt es in Turckheim zu sehen, wo wir im „Hôtel des Deux Clefs" unterkommen, einer ehemaligen Taverne von 1620: ein imposantes Rathaus von 1595, eine Kirche aus dem 19. Jh. mit einem halb romanischen, halb gotischen Glockenturm, drei mittelalterliche Tore, einst von Aufsehern bewohnt, die Einfuhr- und Ausfuhrgebühren auf die Ware, insbesondere den Wein, erhoben; und eine Fontäne, die von einer Statue der Heiligen Jungfrau mit dem Christuskind aus dem 18. Jh. überragt wird. Werfen Sie eine Münze hinein und wünschen Sie sich etwas. Ihr Wunsch wird sich bestimmt im Laufe des Jahres erfüllen. Die ehemalige Decapol-Stadt ist berühmt für ihre Schlacht, die Turenne am 5. Januar 1675 über die kaiserlichen deutschen Streitmächte gewann und durch die das Elsaß an Frankreich angegliedert wurde. Aber sie ist ebenso bekannt für den „Brand", eine der Stadt eigene Rebsorte, aus der ein sehr vollmundiger und rassiger Wein hergestellt wird, um es bescheiden auszudrücken! In Sommerzeiten läuft glücklicherweise ein Nachtwächter um zehn Uhr abends durch die Stadt, ausgerüstet mit einer Houppelande, einer Hellebarde, einem Horn, einer Laterne und einem aufgesetzten Dreispitz. Er singt in elsässisch:

Hört, was ich euch sagen will,
Die Uhr hat zehn geschlagen,
Löscht mit Sorgfalt das Feuer und die Kerze
Gott und die Heilige Jungfrau mögen euch schützen
Gott gebe euch allen eine gute Nacht.

Colmar

Nun sind wir schließlich in Colmar, das Columbarium, wie sein Name zum erstenmal 823 unter dem Karolinger Kaiser Ludwig dem Frommen erwähnt wird. Colmar ist eine historische Stadt, wie man feststellt, wenn man durch die Straßen geht, die allesamt wahre Schätze bergen. Sie war im 13. Jh. eine kleine unabhängige Republik, die Hauptstadt der Decapole und hielt dem französischen König Ludwig XIV erst Jahre nach dem Westfälischen Frieden, die Treue. Voltaire, der dort ein Jahr nach seinem Streit mit dem alten Fritz lebte, hat die Stadt folgendermaßen beschrieben: „Colmar ist eine halb deutsche, halb französische Stadt". Nach 1871, als das Elsaß an Deutschland angegliedert wurde, kämpfte Colmar gegen die Einflüsse jenseits des Rheins. Einer seiner berühmtesten „Widerstandskämpfer" war Jean-Jacques Waltz, bekannter unter dem Namen „Hansi" (1873–1951). Der berühmte Karikaturist, Dichter und Historiker schuf ein stereotypes Bild vom Elsässer, das auch heute noch die übrigen Franzosen beeinflußt. Ein Wunder geschah während des Zweiten Weltkriegs: die Stadt, eingekesselt in der deutschen Widerstandszone, genannt „la poche de Colmar", blieb verschont, während ihre Umgebung im Laufe blutiger Schlachten verwüstet wurde.

Wir besichtigen nun das schönste Schmuckstück, das die Präfektur des Oberelsaß zu bieten hat: das Museum Unterlinden, das im ehemaligen Dominikanerkloster – gegründet im 13. Jh. – untergebracht ist. Eigentlich nistet die gesamte Stadtgeschichte in den Säulen, Arkaden und im Gemäuer der Kapelle dieses Bauwerks, das eine friedvolle Atmosphäre ausstrahlt. Wir gehen durch die mit Schätzen angefüllten Säle: das herrliche Retabel des Isenheimer Altars, um 1510 von Mathias Grunewald gemalt, Werke von Martin Schongauer voller Liebe und Harmonie, eine „Melancolie" von Lukas Cranach, ein Frauenporträt von Holbein ... Außerdem gibt es archäologische und Volkskunstsammlungen, kunsthandwerkliche und zeitgenössische Werke sowie einen elsässischen Kellersaal, in dem man herrliche Kelter aus dem 17. Jh., prunkvolle Fässer und alte Winzerutensilien betrachten kann. Ganz in der Nähe des Museums, gegenüber vom Theater aus dem 18. Jh., befindet sich das ehemalige St.-Katharinen-Kloster (14. Jh.). Direkt dahinter, in der Rue des Têtes Nr. 19, sehen wir das berühmte, aus der Renaissance stammende „Maison des Têtes" (Kopfhaus), das seinen Namen den vielen in die Fassade eingemeißelten Köpfen verdankt. Die Dominikanerkirche (Ende 13. Jh.) besitzt prächtige Fenster aus dem 14. und 15. Jh. sowie das außergewöhnliche Bildnis der „Madonna im Rosenhag", das Schongauer 1473 gemalt hat. Nebenan sehen wir eine der reichsten Bibliotheken Frankreichs in einem Kloster des 15. Jh. Das Schmuckstück der ehemaligen Franziskanerkirche, seit 1575 eine Protestantische Kirche, ist ein Fenster aus dem 15. Jh., das die Kreuzigung Jesu darstellt. Ein bemerkenswertes Portal, dessen Skulpturen Geschichten aus dem Leben des Heiligen Nikolaus erzählen, schmückt das im gotischen Stil gebaute St.-Martins-Münster. Die Wohnhäuser in der Rue des Marchands sind eines schöner und malerischer als das andere: das reizende Pfisterhaus stammt von 1537 und bildet das Eckhaus; im Haus Nummer 30 birgt das Geburtshaus von Bartholdi ein dem Bildhauer gewidmetes Museum; Schongauer soll das Licht der Welt im Renaissancegebäude, der Nummer 36, erblickt haben. Etwas zurückgezogen steht das älteste Haus Colmars: das Haus Adolph mit seinen gotischen Fenstern. Ich zähle nur die bekanntesten auf ... Die Straße mündet am Koïfhus oder dem ehemaligen Zollgebäude von 1480, dessen Untergeschoß als Lager und dessen Obergeschoß als Rathaus (16. Jh.) diente. Bevor wir das bewunderswert restaurierte Gerberviertel erreichen, sind wir schon an einigen Brunnen von Auguste Bartholdi (1834–1904) vorbeigekommen. Der Colmarer Architekt erlangte internationalen Ruhm, nachdem er die Freiheitsstatue des New Yorker Hafens geschaffen hatte. Wir werden gleich noch eines seiner Werke sehen – in der Rue des Ecoles, nahe der Pont-St.-Pierre (St.-Peters-Brücke). Diese überqueren wir nämlich jetzt und befinden uns im Herzen von Petite-Venise (Klein-Venedig), dem malerischsten Stadtviertel Colmars. Heute regnet es hier, obwohl Colmar mit 0,45 m Niederschlag pro Jahr die trockenste Stadt Frankreichs ist. Deshalb können wir nicht so lange an den Uferböschungen der Lauch entlangschlendern, die von alten Fährmanns-Häusern gesäumt ist, und uns auch nicht nach draußen setzen, um uns eine neue elsässische Spezialität schmecken zu lassen, die es ungefähr seit zwei Jahren gibt: Sauerkraut mit Fisch. Haben Sie schon Sauerkraut mit Lachs, Aal und Kabeljau gekostet, das ganze mit einer Sahne-Wein-Soße? Eine merkwürdige Zusammenstellung, werden Sie sagen, – aber ungemein köstlich!

Ausflüge in die Hautes-Vosges (Obere Vogesen)

Nur 19 Kilometer trennen Munster von Colmar, doch wie ändert sich plötzlich die Landschaft, als wir das Tal der Käsestadt erreichen! Auf beiden Straßenseiten satte Wiesen, Eichen und Kastanienbäume inmitten blühender Wiesen, bewaldete Hänge, und vor uns die weiten Bergkuppen, die auftauchen und wieder hinter den Wolken verschwinden. Auch die Architektur der Häuser ist anders. Steine ersetzen oft das Fachwerk. Die Wohnhäuser sind gedrungener, haben schon fast ein bergisches Aussehen. Munster, ehemalige Kaiserstadt und Mitglied der Decapole, hat wenige Spuren seiner historischen Vergangenheit zurückbehalten: das Rathaus von 1550, einen Renaissance-Brunnen, die Laube, ein alter restaurierter Saal von 1503 und Überreste einer Abtei aus dem 18. Jh. Wir dürfen nicht vergessen, daß die Vogesen im Lauf der Kriege schrecklich gelitten haben. Während des Dreißigjährigen Krieges haben die Schweden, die 1633 die Herrschaft über fast das gesamte Elsaß erlangten, die aufsässige Vogeser Bevölkerung aufs schlimmste mißhandelt. Auf unserem ganzen Weg auf der Route des Crêtes (Kammstraße) und der Route Joffre, die 1915 als strategische Straße angelegt wurde, werden wir traurige Andenken an den Ersten Weltkrieg sehen: Beinhäuser, die Gebeine von unbekannten Soldaten bergen, Friedhöfe, auf denen sich die Kreuze dicht aneinanderreihen. Kann man sich vorstellen, daß Hunderte von Franzosen und Deutschen in blutigen Schlachten mitten in dieser üppigen Natur umgekommen sind?

Die Route des Crêtes ist so schön, die Fermes-Auberges – Bauerngasthöfe – so einladend! Heute sehen wir nur noch das herrliche Panorama auf Gebirgspässe und -kuppen, die im Winter von Skifahrern überlaufen sind. Wir steigen hoch zu den Hautes-Chaumes (Stoppelfeldern), die einst von den Mönchen gerodet wurden und wo jetzt Rinderherden weiden. Auf unserem Weg kehren wir in eine Ferme-Auberge ein, um vor Ort einen echten Munsterkäse zu kosten, der noch auf die herkömmliche Weise gewonnen wird. Der Saal der Ferme-Auberge ist sehr gemütlich mit seinen rot-weiß-karierten Tischdecken und dem großen Kamin, wo Kartoffeln in der Glut garen. Göttliche Düfte strömen uns aus der Küche entgegen: von goldgelben Pasteten, Heidelbeertorten, Zickleinbraten und Baeckaoffa – einer Zusammenstellung von Rind-, Lamm- und Schweinefleisch mit fein geschnittenen Kartoffeln, die lange in einem Tontopf mit einem guten Schuß Weißwein schmoren. Doch bevor wir uns an den Tisch setzen, wollen wir zunächst eine Brise von der frischen Luft der Vogesischen Berge atmen.

Um die herrlichen Landschaften der mittleren Berge zu entdecken, braucht man nur zu einem der Pässe an der Route des Crêtes aufzusteigen, dem Bonhomme (951 m), zur Schlucht (1139 m) oder zum Hoheneck (1361 m), sich auf eine felsige Bergspitze zu setzen und seinen Blick schweifen zu lassen. Gewundene Täler zwischen den bläulichen Kuppen, klare Seen, umgeben von Tannenwäldern, silbrige Wasserfälle, die auf Felsenmeere heruntersprudeln, Landschaften, die gelassen und majestätisch zugleich wirken. Die Luft schmeckt nach Kieferharzpastillen aus meiner Kindheit, als wir am Markstein aus dem Wagen steigen. Heute ist er ein Luftkur- und Wintersportort mit Hotels, angelegten Skipisten und sogar einer Sprungschanze. Früher fuhren wir Ski auf den unberührten Hängen. Als einzige Infrastruktur gab es dort eine Hütte, um sich aufzuwärmen; und wir schliefen bei Bauern, die Betten für ein paar Francs vermieteten. Heute bieten die Vogesen zahlreiche Sportarten an, wie der Drachenflieger beweist, den wir in der Nähe des Grand Ballon sehen, auch Ballon de Guebwiller oder Großer Belchen genannt, dem höchsten Gipfel der Vogesen (1424).

Zurück in die oberelsässischen Weinberge

Bevor wir wieder zu unseren Winzerörtchen mit den Fachwerkhäusern zurückkommen, machen wir einen Abstecher zu einer abgeschiedenen Talmulde am Fuße des Grand Ballon. Bäume, so weit das Auge reicht, und dann erscheinen zwei prächtige romanische Türme, Überreste der einstigen Benediktinerabtei von Murbach, 727 gegründet. Das Kloster war ehemals sehr einflußreich. Seine Äbte waren Prinzen, ihre Herrschaft erstreckte sich über die Täler von Guebwiller und Thur, den Sundgau und das Gebiet von Belfort. Sie hatten sogar Besitze in der Schweiz und in Deutschland (einen Teil der Stadt Worms). Aber die Orte lagen strategisch ungünstig und boten wenig Komfort. Im Jahr 1739 verließen die Mönche die Abtei endgültig und zogen nach Guebwiller (Gebweiler), eine kleine Stadt, die sie im Lauchtal gründeten.

Wir folgen ihrem Beispiel und schlagen den Weg nach Guebwiller ein, das im Florival eingebettet liegt, wie seine Einwohner das Tal genannt haben. Es ist heute eine wohlhabende Stadt mit mehr Industrie als Weinanbau, doch der Geist der Mönche lebt immer noch in ihren schönen religiösen Bauwerken fort. Die Notre-Dame-Kirche (18. Jh.) ist eines der interessantesten neoklassischen Werke des Elsaß. Murbachs Mönche wohnten in den angrenzenden Stiftshäusern. Das Schiff der ehemaligen Dominikanerkirche im gotischen Stil, jedoch mit einem Lettner versehen, ist mit schönen Fresken aus dem 14. und 15. Jh. geschmückt. Die Saint-Léger-Kirche (Sankt-Leodegar-Kirche) aus prächtigem Buntsandstein ist im langobardisch-rheinischem Stil gebaut, so nennt man die Übergangsperiode zwischen Romanik und Gotik. Die zwei Leitern aus Seilen und Holz in einer der Kapellen sind ein Andenken an den Mut einer Frau: 1445 versuchten die Armagnacs, die befestigte Stadt mit List einzunehmen. Aber Brigitte Schick war wachsam. Sie zündete ein großes Feuer, um Alarm zu schlagen, und drängte somit die Heranstürmenden zurück, die von den Leitern abließen. Diese Anekdote erinnert mich an die Tapferkeit der Frauen von Rouffach (Ruffach), einer reizenden Weinbaustadt, im Norden von Guebwiller gelegen. Am Ostersonntag 1105 entführte der Vogt des Schlosses eines der schönsten Mädchen der Stadt. Tränenüberströmt flehte die Mutter die Männer an, sie zu befreien, doch sie wagten nicht zu reagieren. So wandte sie sich an die Frauen, die sich zum Sturmangriff aufmachten, um die Ehre der Schönen zu retten. Seitdem nehmen die Frauen die rechte Seite der Kirche ein, die traditionell dem starken Geschlecht vorbehalten ist.

Wir besichtigen ein anderes denkwürdiges religiöses Bauwerk – das letzte –, bevor wir uns nach Mulhouse begeben. Thann, der Ort, der die Weinstraße schließt, besitzt – so sagt man – den schönsten gotischen Kirchturm des Elsaß: die Stiftskirche Saint-Thiébaut, eine hervorragende Verkörperung der Spätgotik, 1332 bis 1515 in gelbem Sandstein gebaut. Bewundern wir die elegante filigranverzierte Kirchenspitze von 72 Meter Höhe, das Hauptportal, das mit mehr als 500 originellen Figuren besiedelt ist. Wir setzen uns drinnen in die prächtigen gemeißelten Chorstühle des 15. Jh. In der ersten Kapelle erinnert uns die Madonna der Weinberge daran, daß ihr Erschaffer auch den Rangener Wein getrunken haben muß, den hervorragenden Crus der Weinstadt, dessen Ruhm bis ins Mittelalter zurückgeht. Gegenüber vom Nordportal sehen wir ein Meisterwerk der Spätgotik, die Statue von Sankt-Theobald, über den Renaissancebrunnen gebeugt, die eine andere Legende wachruft: die Verbrennung der Tannen – ein Fest, das die Stadt am 30. Juni feiert. Auf dem Weg nach Lothringen, seinem Geburtsland, schlief St. Theobald im Pinienwald ein. Eine der Tannen hielt seinen Wanderstab fest, in den eine wertvolle Reliquie eingefaßt war. Was soll man in solch einem Fall tun, wenn nicht ein Wunder herbeisehnen und schnell eine Wallfahrtskirche und später eine Stadt mit dem Namen Tanne errichten!

Mulhouse (Mühlhausen)

Das erste Bild, das Mulhouse uns bietet, ist das einer modernen Großstadt mit Geschäftsvierteln, hohen Gebäuden, weiten Straßenadern, gefüllt mit der Aktivität einer Metropole, und sehr dichtem Verkehr! Mulhouse ist in der Tat mit ungefähr 119 000 Einwohnern die größte Stadt des Oberelsaß. Obwohl sie nur wenige Andenken an ihre Vergangenheit bewahrt hat – sie wurde im Zweiten Weltkrieg stark beschädigt – ist sie doch sehr reich an Geschichte, die uns ihre vielen Museen erzählen. Sie war zunächst ein Marktflecken, rund um eine Mühle angelegt, die den Bischöfen von Strasbourg gehörte. Später Kaiserstadt, dann Mitglied der Decapole, bildete sie 1515 eine Allianz mit ihren Schweizer Nachbarn, wurde eine freie Stadt und schloß sich 1798 freiwillig Frankreich an. Mitte des 18. Jh. siedelten drei ihrer Bürger die Produktion von bedruckten Stoffen an. Dies war der Anfang der elsässischen Textilindustrie und des wirtschaftlichen Aufschwungs der Stadt, der begünstigt wurde durch den Bau des Rhône-Rhein-Kanals (1807–1834), des Hüningener Kanals, der ersten Eisenbahnlinien, u. a. der Strecke Strasbourg-Basel, und 1904 – in der Nähe von Cernay – durch die Entdeckung des einzigen Kaliumoxyd-Vorkommens in Frankreich. Nach der Textilkrise 1950 hat Mulhouse seine Türen der Metallindustrie (Peugeot-Werke) und der Chemie geöffnet und sich auf Zweige umgestellt, die mit dem Textilgewerbe verbunden sind, wie z. B. der Herstellung von Webstühlen und Stoffdruckmaschinen. Die Stadt ist ebenfalls ein wichtiger, nach Deutschland und der Schweiz orientierter Hafenkomplex. Sie ist darüberhinaus Universitätsstadt, in der es auch die Chemie-Hochschule, die Hochschule für Textilindustrie sowie das Zentrum für Textilforschung gibt.

Mulhouse ist noch immer das erste Zentrum für textilverarbeitende Industrie in Frankreich; zahlreiche Gerbereien werden hier betrieben sowie Schuh- und Sportartikelfabriken (Adidas) und Brauereien, die die guten Elsässer Biersorten produzieren. Kurzum, dem Elsaß scheint es ganz gut zu gehen: Es ist die am wenigsten von Arbeitslosigkeit betroffene Region Frankreichs.

Der Sundgau

Der Sundgau ist das Land im Süden, dieses kleine, bei den Touristen noch recht wenig bekannte Gebiet, das sich direkt hinter Mulhouse erstreckt. Doch wie reizvoll ist die Gegend mit den weidenbedeckten Hügeln, den von Teichen durchzogenen Wäldern, den sauberen Dörfern, die denen der Schweiz so ähnlich sind, und den so friedlichen Flüßchen, die sich durch die gewundenen Talmulden schlängeln. Ruhige und erholsame Landschaften ... Wenn wir eine Angelrute hätten, würden wir uns in die Schilfrohrböschungen am Ufer der Ill oder eines ihrer Nebenflüsse setzen und in aller Ruhe darauf warten, daß ein Fisch anbeißt. Die Alternative ist, eine der Straßen der „Carpe frite" (Straße des gebackenen Karpfens) zu nehmen. Sie werden von Restaurants gesäumt, in denen man frisch gefangenen Karpfen, nach Art des Landes zubereitet, genießen kann. Etwas wird unsere Ohren überraschen, wenn wir unsere Bestellung aufgeben: die Leute hier sprechen so wie in der Schweiz! In der Tat hat der elsässische Dialekt zwei Wurzeln. Im Norden ist er aus dem rheinischen Fränkisch abgeleitet, und im Süden aus dem Alemannischen. Drei Völker treffen sich in einer Sprache ...

Nun sind wir in den ersten Ausläufern des Juragebirges angelangt. Die Schweizer Grenze liegt vor uns, und ich könnte so viele Dinge erzählen über diese einzigartige Provinz, die wir jetzt verlassen. Ich hätte gern über die lokalen Regelungen gesprochen, die den deutschen so ähnlich sind: die Kultusminister werden vom Staat bezahlt, das Ladenschlußgesetz ist streng geregelt, und kein Geschäft darf sonntags öffnen! Ich habe auch den Anbau des Spargels vergessen, den der Elsässer wie seine Nachbarn jenseits des Rheins für sein Leben gern ißt, und die „Auberge de l'Ill", das berühmteste Restaurant der Region. Es bleibt auch kein Platz mehr, um vom elsässischen Humor, dem Barabli (Kabarett) und vom Skat zu sprechen. Ich habe noch nicht einmal René Schickele erwähnt (1883-1940), elsässischer Autor und Autonomist, von dem folgender Ausspruch stammt: „Das Land zwischen Schwarzwald und Vogesen ist der gemeinsame Garten, wo sich der französische und der deutsche Geist ungehindert treffen können, spazierengehen, sich gegenseitig betrachten und gemeinsame Arbeiten verrichten können."

Quel beau jardin

»Quel beau jardin!« s'exclama Louis XIV en découvrant des hauteurs de Saverne la province magnifique que le traité de Westphalie (1648) venait de rattacher à son royaume. Devant une coulisse de massifs boisés, la plaine d'Alsace s'étendait aux pieds du roi-soleil et si le temps était très clair, il devait apercevoir le ruban large du Rhin ombré de la Forêt-Noire sur la rive allemande. La nature a en effet gâté la plus petite région de France (8324 km pour 1 600 000 habitants) qui a pour voisines l'Allemagne et la Suisse; un rectangle de terre long de 200 km et à peine plus large de 40 km si l'on excepte l'appendice que forme l'Alsace-Bossue au nord. D'abord, elle l'a pourvue d'une vaste nappe phréatique qui constitue l'essentiel de ses réserves d'eau et la rend extrêmement féconde. Ensuite, elle l'a dotée de frontières naturelles: au nord, la rivière Lauter la sépare de la Rhénanie-Palatinat et à l'est, le Rhin du Bade-Wurtemberg; à l'ouest, la chaîne des Vosges la détache de la Lorraine et au sud les premiers contreforts du Jura l'isole de la Suisse. Elle lui a aussi donné une symétrie parfaite de paysages: le long du Rhin, s'étend la fameuse forêt fossile, une jungle de saules, d'ormes, de chênes emmêlés de lianes énormes. Le »Ried«, derrière la levée alluviale du Rhin est une région de marais, de bosquets, d'étangs et de rivières, un véritable paradis écologique compris entre le cours de l'Ill et celui du Rhin; vient ensuite la plaine où un limon très fertile, le loess, s'est déposé en bandes de largeurs inégales; puis les collines sous-vosgiennes recouvertes des célèbres vignobles alsaciens et enfin la chaîne des Vosges, les consoeurs de la Forêt-Noire. Au sud, le Sundgau est une région boisée et vallonnée, traversée de nombreuses rivières. Et pour couronner le tout, la nature a enveloppée la province d'une harmonie profonde et paisible de couleurs et de formes.

Nous commencerons notre périple à Strasbourg, la merveilleuse capitale de l'Alsace. Nous explorerons ensuite le département du Bas-Rhin qui curieusement est bien plus fréquenté des touristes allemands que des Français. Est-ce parce que ses habitants y parlent plus volontiers l'Alsacien qu'ailleurs? Ou parce qu'il est plus imprégné d'influences germaniques? Quoi qu'il en soit, cette région offre de nombreux attraits qui méritent d'être découverts. La célèbre Route du Vin alsacienne n'a guère besoin d'introduction. Nous quitterons de temps à autre un de ses villages pittoresques pour aller visiter des sites célèbres comme le mont Sainte Odile et le Haut-Koenisbourg. Après Sélestat, nous entrerons dans le Haut-Rhin et poursuivrons notre route jusqu'à Colmar, la préfecture du département. Nous irons faire quelques excursions dans les Vosges avant de rejoindre Mulhouse, la seconde ville d'Alsace nous traverserons Ensuite le Sundgau. Une croisière en amont sur le Rhin nous amènera à Breisach, sur la rive allemande du fleuve. Après avoir découvert que les paysages de la région du Kaiserstuhl ressemblent fort à ceux de l'Alsace, nous terminerons notre voyage à Fribourg en Forêt-Noire.

Strasbourg

Il faut remonter très loin dans le temps pour raconter l'histoire de Strasbourg car l'endroit était habité dès le néolithique. Parlons d'abord d'un petit village de pêcheurs de la tribu gauloise des Triboques sur les bords de l'Ill. Une communauté celte lui succède et en l'an 12 avant J.-C., les Romains y établissent un camp militaire du nom d'Argentoratum. Le castrum romain bâti sur une hauteur autour de la cathédrale actuelle pour être à l'abri des inondations de la rivière, ne sera malheureusement pas épargné par les invasions des Alamans et des Huns. En 407, les Romains abandonnent Argentorum que les hordes d'Attila détruiront complètement en 451. En 496, sous le roi Clovis, les Francs rebâtissent la bourgade qu'ils baptisent Strateburgum »ville des routes«, nom évocateur de sa situation géographique privilégiée. La christanisation s'est répandue dans la région. Au 9e siècle, Strasbourg est siège d'évêché et connaît la prospérité sous l'autorité des évêques. Au partage de l'Empire de Charlemagne, deux petits-fils du grand empereur, Charles le Chauve et Louis le Germanique s'allient contre leur frère Lothaire et en 842, scellent leur union par le »Serment de Strasbourg«, le premier document en langue tudesque et romane.

Vers l'an mille, Strasbourg est ville du Saint Empire romain germanique. Mais ses vrais maîtres sont toujours les évêques. La construction de la première cathédrale par l'évêque Wernher commence en 1015. La ville croît alors rapidement. Elle a triplé de volume en 1100. En 1201, apparaît le premier sceau de la cité en même temps que les bourgeois de la ville commencent à participer dans les conseils épiscopaux. En 1205, elle obtient le titre de ville impériale qui lui garantit une liberté et des privilèges importants. Philippe de Souabe va même jusqu'à affranchir d'impôts les bourgeois de Strasbourg. Forts de leur puissance, ceux-ci décident bientôt de se libérer de la domination des évêques. En 1262, ils battent les troupes épiscopales à la bataille de Hausbergen, rejettent ensuite la tutelle des familles nobles locales pour se retrouver au pouvoir. Strasbourg est à présent ville libre impériale dotée d'un sytème de gouvernement démocratique qui durera jusqu'à la Révolution. Durant tout le Moyen Age, elle va connaître une période de grande prospérité et assurer sa domination sur le commerce. Après la construction de la douane et d'un grand pont sur le Rhin entre 1385 et 1388, elle a un rôle de transit et d'entrepôt qui lui rapporte énormément d'argent. Les empereurs successifs lui octroient tous les privilèges qu'elle demande tant son appui leur est indispensable. Deux années vont pourtant assombrir cette période: la peste a sévi en 1348; un an plus tard, on massacre les Juifs rendus responsables de sa propagation. En 1444, 18 000 habitants sont recensés à Strasbourg, ce qui est énorme pour l'époque.

La richesse de la ville favorise l'éclosion d'une vie intellectuelle et artistique. Des centaines d'artisans et de maîtres-d'oeuvre sont venus de toute l'Europe pour édifier la magnifique cathédrale de grès rose. Son rayonnement spirituel attire de grands noms tel Gottfried de Strasbourg, auteur de Tristan et Isolde, un chef d'oeuvre de la littérature médiévale allemande (13e s.) et Sébastian Brant (15e–16e s.) qui écrivit le long poème satirique »La nef des fous«. Erasme de Rotterdam vient plusieurs fois visiter la cité. Gutemberg y invente l'imprimerie qui permettra la propagation de la Bible et des évangiles.

La Réforme approche. En 1529, la population strasbourgeoise adopte le protestantisme luthérien. Calvin réside aussi à Strasbourg, mais son culte est interdit. Issue de la Réforme, la haute école fondée en 1538 par le célèbre pédagogue et politicien Jean Sturm, deviendra une université un siècle plus tard. Vers la fin du 16e siècle, Strasbourg est une des villes les plus florissantes de l'Empire germanique. La vie y est colorée et active. Des ouvrages recherchés dans tout l'Empire et plus loin encore sortent des nombreuses imprimeries. Le commerce du vin, de la bière, l'artisanat des peaux, des métaux précieux sont en plein essor dans la cité protégée par ses enceintes. Elle possède même sa propre monnaie, le thaler strasbourgeois, que l'on peut échanger contre des valeurs étrangères.

En 1681, les troupes de Louis XIV entrent dans Strasbourg dont l'étoile a pâli au cours des dernières décennies remplies de luttes sanglantes. L'Allemagne, affaiblie par la guerre de Trente ans, a cédé la ville au Roi Soleil. Le 23 octobre, le roi de France écoute une messe solennelle dans la cathédrale qui avait servi au culte protestant durant des années. Strasbourg garde pourtant la plupart de ses privilèges, mais perd quelque peu de son indépendance politique. Elle va aussi prendre un autre d'aspect. Sans presque s'en apercevoir, elle devient une »ville royale« bien française. Vauban y construit la Citadelle. Le cardinal de Rohan se fait bâtir un prestigieux palais épiscopal. Les notables de la ville veulent tous une résidence »à la parisienne«.

Voltaire, Rousseau, Beaumarchais viennent en visite à Strasbourg. Les cultures françaises et allemandes s'y rencontrent. Goethe et Metternich étudient à l'université libérale.

Strasbourg s'enflamme aussi quand la Révolution éclate en France. Kellermann et Kléber, deux des plus grands généraux de l'armée révolutionnaire, sont des enfants de la ville. Dans les salons du maire constitutionnel Friedrich, un jeune officier du Génie, Rouget de l'Isle, entonne pour la première fois en avril 1792 un Chant de guerre pour l'armée du Rhin qui deviendra célèbre quand les troupes venues de Marseille l'adopteront: la Marseillaise.

L'Empire de Napoléon parachève l'intégration de Strasbourg à la France. L'impératrice Joséphine qui fait de nombreux séjours dans la ville est l'investigatrice de la construction de l'Orangerie.

L'activité économique de Strasbourg ne cesse de croître au cours des années suivantes. Le cadre de vie change également. Le quartier pestilentiel des Tanneurs disparaît. Les quais sont pavés tandis qu'apparaissent l'éclairage au gaz et le chemin de fer (1841).

Bien que la guerre de 1870 soit à ses portes, Strasbourg ne s'est pas préparée à la défense. 200 000 obus ruinent la ville dès le début du conflit. Après un siège de 50 jours, les 80 000 Strasbourgeois se rendent à l'armée prussienne et pleurent la perte de nombreux édifices historiques comme la bibliothèque de l'église des Dominicains qui renfermait des trésors inestimables.

La ville devient allemande comme toute l'Alsace. Des quartiers détruits sont reconstruits dans le style germanique. De grandes artères sont tracées au détriment de monuments séculaires. Strasbourg perd de son aspect médiéval mais voit ses installations portuaires et sa voirie modernisées.

Strassburg, telle que la ville s'appelle à présent, ne souffrira guère durant la première guerre mondiale. Le 22 novembre 1918, les troupes françaises y font leur entrée sous les acclamations de la population.

En 1939, de nombreux Strasbourgeois s'exilent vers le sud-ouest de la France, principalement au Périgord. Le 19 juin 1940, les Allemands occupent Strasbourg sans qu'un coup de feu n'ait été tiré et hissent le drapeau à croix gammé sur la cathédrale qui restera fermée jusqu'à la fin de la guerre. Les habitants qui sont restés et ceux qui ont dû rentrer de force subissent une germanisation à outrance. Incroyable le nombre d'enfants nés à cette époque appelés Anita, Marlene, Paul, Roland! Comme ces prénoms s'orthographient de la même façon dans les deux langues, ils ne peuvent être germanisés par les autorités allemandes qui font un Fritz d'un Frédéric ou un Wilhelm d'un Guillaume! Les alliés vont bombarder deux fois Strasbourg par erreur, ce qui n'arrangera pas la ville, avant que la division Leclerc ne la délivre le 23 novembre 1944.

Aujourd'hui, Strasbourg est la capitale de l'Alsace, une cité industrielle et commerciale dynamique de quelque 250 000 habitants (plus de 500 000 avec son agglomération). Elle est aussi première ville universitaire de l'Est de la France, 2e port fluvial français et siège d'évêché. Depuis 1949, elle est le siège du Conseil de l'Europe, de la Cour européenne des Droits de l'Homme et lieu de réunion du Parlement européen.

Mais Strasbourg est d'abord une ville ravissante au charme particulier où les réalisations modernes telles que le Palais de l'Europe s'allient harmonieusement au patrimoine architectural que les guerres n'ont pas détruit. Et elle est surtout une cité choisie par le destin pour faire la liaison spirituelle et intellectuelle entre deux civilisations.

Partons maintenant à la découverte de cette ville unique où les muses sont les rues et les pierres, selon un poète du terroir.

La cathédrale en grès rose des Vosges, une des plus belles, des plus mystiques, des plus expressives de France, est un sujet si monumental qu'il faudrait des pages pour la décrire. Disons seulement que ce chef-d'oeuvre d'art gothique repose sur les fondations d'une basilique romane construite en 1015 à l'emplacement d'un temple romain dédié à Mercure. Son édification durera près de trois siècles, de 1176 à 1439. Des maîtres-d'oeuvre venus de Chartres élèvent la nef et sculptent le merveilleux pilier des Anges entre 1225 et 1275. A partir de 1284, l'architecte de génie Erwin de Steinbach fait démolir l'entrée massive de l'église de 1015 pour réaliser la façade principale dans le plus pur style gothique. Son fils Jean lui succède après sa mort en 1318. La construction de la cathédrale continuera sous la direction d'autres architectes après la disparition de celui-ci. Deux tours sont achevées en 1365. En 1370, Michel de Fribourg comble l'espace entre elles, au-dessus de la rosace. En 1399, Ulrich von Ensingen construit alors une grande tour nord qui, avec la flèche élevée plus tard par Jean Hültz de Cologne, culmine à 142 mètres. Notre-Dame de Strasbourg subit bien des avatars au cours des siècles. Un grave incendie – encore un! – l'endommage en 1759. Elle aurait sans doute été dévastée durant la Révolution si un Strasbourgeois finaud n'avait eu l'idée de coiffer la flèche d'un énorme bonnet phrygien en tôle rouge. En 1903, l'architecte Knauth réussit une véritable performance en sauvant le premier pilier nord de la nef qui menaçait de s'écrouler et pour terminer, des bombes américaines l'atteignaient en 1944.

En face du portail sud de la cathédrale, se trouvent les plus grands musées de la ville: le musée de l'Oeuvre Notre-Dame et le palais des Rohan qui abrite le musée archéologique, le musée des Beaux-Arts et le musée des Arts Décoratifs.

Située sur le parvis de la Cathédrale, la Maison Kammerzell est la reine des vieilles demeures dont regorge Strasbourg. Après avoir visité la Place Kléber où s'élève l'Aubette, la place Broglie entourée de l'Hôtel de Ville et de la préfecture, la place de la République ceinte d'édifices d'architecture wilhelmienne, allons flâner dans le quartier le plus charmant de Strasbourg : la Petite France. L'ancien quartier des pêcheurs, des meuniers et des tanneurs, situé entre l'église Saint-Thomas et les Ponts-Couverts, offre une succession de maisons à colombages se mirant dans l'Ill ou bordant des rues aussi pittoresques que leurs noms: rue des Dentelles, rue du Bain-aux-Plantes, rue du Fossé-des-Tanneurs. Nous irons encore nous promener à la citadelle Vauban construite par le célèbre architecte de Louis XIV et au parc de l'Orangerie avant d'aller déguster une Kronenbourg, la bière locale de Strasbourg, ou un des bons crus du pays dans une »Winstub«.

L'Outre-Forêt

La forêt est celle de Haguenau, une des plus grandes de France. 15 000 ha de splendeur boisée où des moines vinrent se réfugier aux 6e et 7e siècles. Le plus gros chêne d'Alsace se dresse près d'une chapelle évoquant le souvenir de l'un d'eux : St. Arborast plus tard évêque de Strasbourg. L'Outre-Forêt, c'est le pays qui s'étend de la lisière des bois jusqu'à Wissembourg, à la frontière franco-allemande. Localités pittoresques nichées dans des vallons fleuris, collines boisées ou cultivées, vergers, cette région verdoyante nous fait découvrir un paysage rural caractéristique de la plaine alsacienne. C'est ici que les auteurs Erckmann et Chatriand ont situé les personnages de leur célèbre roman »L'ami Fritz«. Partons sur les traces de Kobus ou de Sûzel à travers les villages typiquement alsaciens qui ont gardé leur décor du temps passé. Betschdorf à la lisière de la Forêt-Sainte est réputé pour sa fabrication de grès gris et bleu vernis au sel dont on retrouve l'origine dès le 14e s en Allemagne dans les régions d'Aix-La-Chapelle, de Cologne et plus tard du Westerwald. Flânons dans la rue des Potiers ou celle du Dr Deutsch bordées de maisons à colombages du 18e s et entrons dans un des nombreux ateliers de poteries qui sont tous un régal pour les yeux. Après avoir fait l'acquisition d'un moule à Kougelhopf ou d'un pichet à vin, allons au musée de la poterie pour en apprendre un peu plus sur cet art traditionnel alsacien et admirer aussi les céramiques également superbes de Soufflenheim, le village concurrent niché de l'autre côté de la forêt. L'auberge »Au Boeuf« de Sessenheim, renferme des souvenirs de l'idylle entre Goethe qui étudiait à Strasbourg et Frédérique Brion, la fille du pasteur du village. Hunspach, Oberseebach, Schoenenbourg, Hohwiller, tous situés à quelques kilomètres les uns des autres ont jusqu'à présent été très peu touchés par les grands courants touristiques. Nous n'y trouverons pas d'hôtels, mais des demeures blanches à colombages avec des vitres bombées où l'on peut voir à l'extérieur sans être vu à l'intérieur, de vieux puits à balanciers dans les cours de fermes, de ravissantes décorations florales, des paysans vaquant paisiblement à leurs travaux ... Nous voici soudain replongés dans une atmosphère d'autrefois. Si nous sommes à la sortie de la messe dominicale d'Oberseebach, nous verrons encore des paysannes revêtues du costume traditionnel et au mois de juillet, nous assisterons à la Streisselhochzeit, le mariage au bouquet et serons certainement invités au repas de noces!

La ligne Maginot, système de fortifications supposé défendre les frontières durant la seconde guerre mondiale, passait devant ces villages. Sur la route de Wissembourg, les coupoles d'acier des abris souterrains émergent dans le paysage rural et près de Hunsbach, de mars à septembre, on peut visiter l'ouvrage d'artillerie de Schoenenbourg, un bunker complètement aménagé qui abritait 500 soldats.

Avant de nous rendre à Wissembourg, nous ferons un petit détour jusqu'à Merkwiller-Pechelbronn, l'ancien fief du pétrole français. Dès la fin du moyen-âge, les paysans utilisaient une source bitumeuse qui guérissait les plaies et autres maladies. Mais il faudra attendre le 18e s. pour découvrir que l'huile noire contenue dans l'eau était du pétrole. L'exploitation florissante pendant de nombreuses années (70 000 tonnes par an) cessa en 1960. Elle n'était plus rentable face aux prix bas des autres pays producteurs. La décision malheureuse de fermer les puits en y coulant du béton fut bien regrettée plus tard, lors du choc pétrolier. Aujourd'hui, la ville est devenue une station thermale où l'on soigne les rhumatismes et les arthroses. La source des Hélions a été découverte en 1910 lors d'un forage pétrolier.

Nous rejoignons maintenant Wissembourg, le »Château blanc« qui s'étale romantiquement sur plusieurs petits bras de la Lauter. Tous les enfants français connaissent la chanson du bon roi Dagobert qui avait mis sa culotte à l'envers ... C'est autour d'une abbaye fondé par lui au 7e s que se développa cette ville passionnante remplie de souvenirs historiques. Membre de la fédération de la Décapole créée à la fin du moyen-âge par l'empereur Charles IV, elle fut en 1720 le refuge momentané du roi détrôné de Pologne Stanislas Leczinski et de sa fille Marie. C'est là qu'en 1725, le duc d'Antin venait demander la main de celle-ci au nom du roi Louis XV alors âgé de 16 ans. Allons d'abord visiter le musée Westercamp (du nom d'un mécène wissembourgeois) installé dans deux belles maisons Renaissance où l'on peut voir des collections archéologiques, militaires et d'arts traditionnels fort intéressantes. Promenons-nous ensuite dans les vieilles rues et sur les quais bordés de demeures à pans de bois. Voici la Maison du sel de 1450 coiffée d'un toit aux ondulations curieuses, plus loin, une maison d'angle avec un très bel oriel et un portail Renaissance surnommée la maison de »l'ami Fritz« car elle servit de décor au film tiré du roman et à proximité, la maison Vogelsberger, une très belle demeure datant de 1540. Au

centre de la ville, l'église Saints Pierre-et-Paul, bâtie en grès rouge comme nombre de monuments de la région, possède un merveilleux cloître bénédictin inachevé. L'ancienne abbatiale gothique renferme un Saint-Christophe de 11m de haut, le plus grand personnage peint que l'on connaisse en France. Arrêtons-nous dans la rue principale devant le Holzapfel, autrefois un relais de poste où Napoléon Bonaparte fit halte et allons terminer notre exploration au restaurant de l'hôtel de l'Ange, si pittoresque avec ses murs trempant dans l'eau de la Lauter et sa jolie cour intérieure. Si c'est dimanche, vous trouverez malheureusement porte de bois car l'établissement est fermé ce jour-là comme beaucoup d'autres dans la région. Entre parenthèses, les possibilités hôtelières sont plutôt restreintes dans ce coin du pays, il est donc préfèrable de réserver à l'avance.
Nous quittons Wissembourg en direction de Lembach, de Niederbronn-Les-Bains, des villages d'Offwiller et de Bouxwiller pour partir vers l'Alsace-Bossue. Après avoir franchi le col du Pigeonnier (432m), nous nous retrouvons dans un univers de forêts épaisses, de châteaux, de rochers magnifiques. Des troupeaux de daims, de chevreuils ou de chamois nous barreront peut-être la route, les moutons en tous cas nous salueront depuis les hauteurs verdoyantes près de Climbach.
Les amateurs de romantisme feront une escapade vers les châteaux médiévaux de Fleckenstein, Hohenbourg et Wasigenstein qui était, dit-on, un repaire de chevaliers-brigands. Nous poursuivons notre chemin jusqu'à Niederbronn-Les-Bains, (Fontaine basse) la station thermale la plus réputée d'Alsace. Elle était déjà connue dans la haute antiquité comme en témoignent les nombreux vestiges romains trouvés autour de la source d'eaux chlorurées et carbogazeuses. La petite cité coquette ne possède que peu de curiosités si ce n'est son casino ouvert en 1824, le seul d'Alsace, et son cimetière avec des tombes datant des combats de 1870 dont tout particulièrement celles d'un lieutenant allemand et de son homologue français tombés lors d'une expédition du comte de Zeppelin.

Mais que la contrée alentour est magnifique! Nous traversons à présent le parc naturel des Vosges du Nord (117500 hectares) créé en 1976 et dont le siège se trouve au château de la Petite-Pierre, notre prochaine halte. A cet endroit, les montagnes ont une altitude moyenne de 350 m et sont entièrement gréseuses. (Le plus haut sommet est le Grand Wintersberg avec 581 m). Des paysages splendides s'offrent à nos yeux. Forêts épaisses de feuillus et de résineux, sous-bois où poussent la myrtille, la fougère, la bruyère . . . Rivières paresseuses, étangs romantiques, roches impressionnantes, prairies parsemées de fleurs des champs. La flore, une des plus belle d'Europe, existe grâce au climat original composé d'influences continentale, septentrionale, atlantique et méridionale.
Nous nous arrêtons à Offwiller, un joli village à flanc de montagne qui abrite un de ces adorables petits musées campagnards comme on en trouve un peu partout dans la région. La Maison d'Offwiller est installée dans une ancienne demeure de viticulteur. Elle est l'oeuvre de tous les habitants du village qui lui ont confié des outils, des meubles, des ustensiles de cuisine, des costumes d'autrefois. Elle ne se visite que le dimanche, mais en s'adressant à la mairie, on nous ouvrira sans doute ses portes un autre jour. Si nous avons la chance de faire notre excursion le premier dimanche de carême, nous assisterons à la fête du Schieweschlawe au cours de laquelle des disques de bois enflammés, symbolisant la réapparition du soleil, le réveil de la nature, sont lancés du haut de la colline qui domine le village.

Sur notre route, défilent des localités pittoresques peu connues des touristes. A Ingwiller, nous visiterons une curieuse synagogue surmontée d'un bulbe rond et à Neuwiller-les-Savernes, l'imposante église romane Saints-Pierre et Paul.
Nous ferons un petit détour par Bouxwiller niché dans une compagne fleurie qui révéla à Goethe la sensualité du paysage alsacien. Outre un ravissant hôtel de ville Renaissance, une église protestante du 17e s dotée d'un orgue de Silbermann et un musée renfermant une impressionnate collection de meubles polychromes traditionnels et de faïences lorraines, l'ancienne capitale des Hanau-Lichtenberg est surtout riche en demeures à pans de bois avec de beaux pignons et de superbes cours.

A proximité, se dresse le Bastberg ou Mont Saint-Sébastien, un cône isolé de 326 m d'altitude, d'où l'on aperçoit nettement la cathédrale de Strasbourg. Cette colline très venteuse où Goethe aimait à monter était un haut lieu de la sorcellerie en Alsace. Les femmes y tenaient leur sabbat et paraît-il, le village voisin de Weiterswiller est encore l'un des plus » ensorcelé« de la province!

L'Alsace-Bossue ou Krummes Elsass

La Petite-Pierre, en plein coeur de la forêt, est une station climatique très prisée et lieu de départ d'excursions dans le Parc naturel des Vosges du Nord, vers l'étang d'Imsthal, l'Altenbourg avec la tour de Turenne, le Rocher blanc ou le Saut du Chien. Cette ancienne place de garnison fortifiée au 17e s par Vauban, ingénieur et maréchal de Louis XIV, fut désaffectée par les Prussiens après la guerre de 1870. Nous visiterons le château, son enceinte méridionale avec un chemin de ronde, des tours, des bastions et un peu plus bas, sa citerne taillée dans le rocher et puis quitterons la localité pour nous arrêter de nouveau juste à sa sortie afin d'admirer le superbe panorama sur la vieille ville.

Nous pénétrons maintenant en Alsace-Bossue où la forêt disparaît progressivement pour laisser place à un paysage de grès et de marnes couvert d'une végétation assez maigre, essentiellement dévolue à l'élevage. En fait, ce territoire appartient géographiquement au plateau lorrain. Lors de la révolution, il fut rattaché à l'Alsace pour des raisons confessionnelles: le protestantisme y était dominant ce qui à l'époque n'était pas le cas en Lorraine. L'Alsace-Bossue dire aussi Alsace-Tortue (en vieux français tortu signifie sinueux) est un véritable désert touristique. Sa ville principale Sarre Union n'a même pas l'honneur de figurer sur le guide Michelin. La jolie petite cité de 4000 habitants blottie sur les rives de la Sarre est pourtant agrémentée de belles maisons anciennes ornées d'oriels (la plus ravissante, datant du 16e s se dresse au bout de la Grand'Rue), d'une admirable fontaine Renaissance et d'édifices religieux renfermant des richesses inestimables. Mackwiller est également intéressante, surtout pour les amateurs d'archéologie. Dans cette ancienne cité romaine, ils pourront admirer en toute tranquillité les restes d'une villa avec des thermes, un mausolée gallo-romain et les vestiges d'un sanctuaire consacré au dieu Mithra.

A Drulingen ils pourront voir les »seebs« dont le village est entouré. Dans les forêts du Hinterwald et du Hagelbach, près de la demeure d'un médecin de la commune, on a identifié huit de ces abris creusés par les hommes à l'ère néolithique, voire même paléolitique. Ces énormes cavités ressemblant à des cratères de bombes étaient sans doute recouvertes d'un toit en peaux de bêtes et servaient de logis à des dizaines de personnes.

Des demeures troglodytes, creusées dans le grès à flanc de collines, dominent le village minuscule de Graufthal. Certaines étaient encore habitées à la fin des années cinquante. Nous sommes maintenant arrivés aux confins de l'Alsace-Bossue à Phalsbourg (forteresse palatine en allemand). La ville fortifiée par Vauban et démantelée par les Prussiens après 1870 était une vraie »pépinière de braves«. Plus d'une vingtaine de généraux y naquirent dont Georges Mouton qui a sa statue sur la place d'Armes. L'homme de qui Napoléon Bonaparte disait: »Mon mouton est un lion . . .«. L'Hôtel de Ville du 17e siècle abrite un musée renfermant des souvenirs d'Emile Erckmann, enfant de la ville et auteur avec Chatrian de nombreux romans du terroir.

Regards sur la plaine découverte

Nous avons quitté l'Alsace-Bossue par le col de Saverne haut de 410 mètres à l'endroit le plus étroit des Vosges (4 km). Des pentes boisées descendent doucement devant nous. Le massif puissant nous entoure, les Vosges gréseuses ondoient vers le nord, les Vosges cristallines s'élèvent rapidement vers le sud. Au loin, s'étalent la plaine appelée l'Ackerland (terre des labours) entre l'Ill et le Piémont sous-vosgien et la région vallonnée du Kocherberg entre la Zorn et la Bruche. Une symphonie de couleurs caresse nos yeux, la richesse des verts et des jaunes des forêts, des vergers, des champs de houblons, de tournesols, de maïs, de tabac, les taches blanches couronnées de brun des villages nichés dans les vallées exposées au soleil et à l'horizon, si le temps est très clair, le ruban argenté du Rhin. Le regard encore ébloui par le panorama harmonieux, nous pénétrons dans Saverne, la porte de l'Alsace. L'ancienne Tres Tabernae (les trois auberges) ainsi que l'appelaient les Romains a une histoire mouvementée à conter. Sa position stratégique lui valut de changer souvent de maîtres. Au moyen-âge, elle appartenait à l'évêché de Metz, puis elle fut possession des ducs de Souabe pour revenir du 13e s. à la

Révolution aux évêques de Strasbourg. En 1525, durant la guerre des Rustauds, les paysans révoltés s'en emparèrent, mais après avoir capitulé devant le duc de Lorraine, ils furent sauvagement massacrés par les soudards du vainqueur qui firent fi de ses ordres de clémence.

Nous commençons notre visite au Palais des Rohan, surnommé le »Versailles alsacien«. L'édifice fastueux en grès rose fut reconstruit entre 1779 et 1789 sur les plans de l'architecte Salins de Montfort pour l'évêque Louis-René de Rohan Guéménée. En admirant la somptueuse façade principale de 135 m de long, nous nous rappelons la triste histoire de Louis-René. L'évêque si crédule et amoureux fou de la reine Marie-Antoinette se laissa bêtement compromettre dans la célèbre histoire du collier de la reine, fut dépouillé de ses charges et disgracié par Louis XVI. Chaque été, des spectacles sons et lumières content le déroulement de l'histoire dramatique. Après avoir servi de résidence aux veuves de fonctionnaires sous Napoléon III et de caserne jusqu'en 1944, le château abrite aujourd'hui la cité administrative, la salle des fêtes, l'auberge de jeunesse, le Musée archéologique et le musée d'Art et d'Histoire. Nous visitons ensuite l'église paroissiale Notre-Dame dont le clocher est du 12e et la nef du 15e siècle. Son intérieur regorge de trésors tels quatre tableaux sur bois de l'école allemande du 15e s., un haut-relief de marbre blanc du 16e représentant la Vierge et Saint-Jean soutenant le Christ et surtout une admirable chaire de 1497 due à Hans Hammer qui a également réalisé celle de la cathédrale de Strasbourg. Nous flânons le long de la Grand-Rue bordée de plusieurs belles maisons du 17e s. jusqu'à l'église des Récollets dans la rue Poincaré. Son ancien cloître de style gothique, bâti par les moines augustins d'Obersteigen au début du 14e siècle, possède des peintures murales intéressantes du 17e. Dans l'église, on peut admirer de belles oeuvres d'art dont une Pieta en albâtre du 16e s et de superbes vitraux du 15e s.

Nous ne quitterons pas Saverne avant de faire deux promenades sur la route du col (N 4), au Jardin botanique qui renferme 2000 variétés de plantes et au Saut du Prince Charles, un rocher de grès rouge de 15 m de haut où l'on peut voir les empreintes d'un sabot de cheval. Selon la légende, Charles duc de Lorraine aurait franchi cet escarpement à cheval pour échapper à des ennemis qui le poursuivaient.

Tout près de Saverne, le château du Haut-Barr »l'oeil d'Alsace«, est perché à 457m sur trois rochers de 30 m de haut dont deux sont reliés entre eux par une passerelle appelée le »pont du diable«. Un panorama magnifique s'offre sur la vallée du Rhin, la petite vallée de la Zorn et sur les châteaux voisins du Grand-Géroldseck et du Griffon. Construit vers 1090, le Haut-Barr fut sérieusement endommagé au cours du grand tremblement de terre de 1356, et plus tard démantelé par Richelieu. Rebâti hâtivement en 1743, il connut sa destruction définitive durant la Révolution. Le château a encore une chapelle romane, des vestiges du logis seigneurial restauré au 19e, une tour d'un puit de cent mètres de profondeur et une cour avec un bastion et une poterne. Le Haut-Barr a toujours eu mauvaise réputation. Il a le plus souvent servi de prison d'où l'on ne sortait qu'après s'être fait décoller la tête dans la cour d'honneur. C'est dans ses murs que l'ineffable évêque Jean de Manderscheid-Blankenheim, qui l'avait fait reconstruire à la fin du 16e siècle, fonda la Confrérie vineuse de la Corne. Pour y être admis, les postulants devaient vider d'un trait une corne d'auroch emplie de quatre litres d'un bon vin d'Alsace. Sans imiter ces débordements bacchiques, pourquoi ne pas déguster un verre ou deux de ces délicieux vins du pays au restaurant rustique du château avant de poursuivre notre route vers Marmoutier?

Un certain abbé Maurus ou Maur aurait fondé une abbaye bénédictine au VIIIe siècle qui devint très puissante grâce aux dons des rois mérovingiens. Une autre version raconte que l'abbaye existait déjà au VIe siècle. En tous les cas, le nom du village vient de l'association de Maur et de moutier qui signifiait couvent en vieux français. Le couvent a disparu, mais son église de style roman le plus pur se dresse dans toute sa majesté au milieu du village. Après avoir admiré son impressionnante façade du 12e siècle, nous pénétrons à l'intérieur qui, malgré la pénombre, séduit par son expression ogivale si puissante et mystique. De temps à autre, des concerts ont lieu dans l'édifice à la sonorité remarquable. Une importante communauté juive existait autrefois à Marmoutier. Le Musée d'Arts et Traditions populaires, installé dans une jolie maison paysanne du 18e siècle, donne une grande place au judaïsme en Alsace.

Le Mont-Saint-Odile

Avant de prendre la route du Vin, nous ferons un détour vers un lieu où Goethe, Maurice Barrès et tant d'autres grands écrivains vinrent méditer et chercher la spiritualité. Je parle du Mont-Saint-Odile, la montagne sacrée des Alsaciens. Perché sur un piton de grès rose, entouré de forêts sombres de sapins, le couvent imposant surplombe la région entière. Que raconter? L'histoire, la légende ou les deux? l'histoire: au VIIe siècle, Adalric appelé aussi Etichon, duc d'Alsace, donna à sa fille Odile le château de Hohenbourg dans lequel elle fonda le premier couvent de femmes de la région. Le christianisme s'implanta sur la montagne grâce à la future Sainte qui vécut une vie de charité et de prières et fut canonisée au XIe siècle par le pape alsacien Léon IX. La légende: Comme Odile était née aveugle, Etichon crut que Dieu voulait le punir des graves fautes qu'il avait commises dans sa vie. Il donna l'ordre de faire disparaître ce reproche vivant. La mère, Bereswinde, sauva la vie de sa fille en la confiant à l'abbesse de Baumes-les-Dames. La petite aveugle recouvra la vue lors de son baptême. Elle reçut le nom d'Odile, c'est-à-dire fille de la lumière. Plus tard, son frère cadet Hugo la ramena en grande pompe au foyer et pour cette action intempestive, fut tué par son père. Le duc, pris de remords, combla sa fille de cadeaux et lui offrit son château pour fonder un couvent.

Il est bien difficile de goûter l'atmosphère de beauté et de lumière tant chantée des pélerins au milieu de la foule des touristes. Après le haut-Koenigsbourg, le Mont-Saint-Odile est l'endroit le plus fréquenté d'Alsace avec au moins un million de visiteurs par an. Nous descendons vers le Mur Païen qui ceint le Mont sur dix kilomètres de longueur. Cette construction extraordinaire daterait de 500 av. J. C., à la fin de l'ère celte. Comment les hommes de cette époque ont-ils pu ériger les uns sur les autres des blocs de pierre énormes pesant chacun plusieurs tonnes? La réponse reste un mystère jusqu'à aujourd'hui.

Nous nous arrêtons à Ottrott, un petit village où les maisons semblent nichées dans un grand jardin, pour acheter la spécialité de la commune: un vin rouge d'Alsace qui en vérité est un pinot noir rosé. En été, un petit train à vapeur, tiré par une locomotive de la Belle Epoque, offre une promenade agréable entre Ottrott et Rosheim. Mais nous partons vers Boersch le long d'une route campagnarde bordée de pommiers sauvages. Pour décrire ce charmant bourg rustique, je céderai la parole au célèbre caricaturiste alsacien Hansi: »On dirait un jouet, une cité miniature construite au milieu d'un parc de quelque exposition par un habile architecte qui aurait réuni sur un espace restreint toutes les constructions caractéristiques d'une vieille petite ville du vignoble alsacien.« Et c'est vrai, aucun élément ne manque au tableau: une enceinte fortifiée, un Hôtel de Ville et un puits Renaissance, des ruelles tortueuses bordées de maisons à colombages, une église du 18e siècle derrière laquelle se cache une chapelle à auvent décorée d'un Christ au Mont des Oliviers de 1723, scène très souvent représentée dans la région.

La route du vin dans le vignoble bas-rhénois

Elle a déjà été tellement chantée, décrite, poétisée que je ne peux utiliser que des images communes pour parler d'elle. Elle serpente sur cent kilomètres de Marlhenheim à Thann pour les Strasbourgeois, de Thann à Marlhenheim pour les habitants du Haut-Rhin à travers des paysages tous plus séduisants les uns que les autres. Si nous l'empruntons à Marlhenheim ou à Molsheim, les lignes bleutées et violettes des Vosges s'arrondissent à l'horizon sur notre droite. De grands pans d'un vert sombre coulent vers nous pour rejoindre les champs jaunes de tournesols, les champs de maïs d'un vert vibrant et les vignes d'un vert tendre entrelacé du brun des hautes perches qui soutiennent les ceps. Sur la gauche, parsemés dans les vignobles, de petits villages se blottissent autour d'un clocher pointu ou à bulbe. Et partout, le long de la route, des panneaux représentant des oies grasses nous indiquent le chemin des fermes où l'on peut acheter du foie gras en vente directe; d'autres ornés de grappes de raisins devancent des lieux de dégustation en bord de chaussée.

Molsheim qui ouvre la vallée de la Bruche est notre première halte sur la Route du Vin. Nous longeons l'enceinte médiévale de grès rouge entrecoupée de maisons avant de pénétrer dans la cité par la Porte des Forgerons (1412). Nous visitons le château d'Oberkirch de 1770, la Metzig, un très bel édifice Renaissance construit par la corporation des bouchers en 1554 et l'église des Jésuites aujourd'hui paroissiale, bâtie vers 1615 par l'architecte allemand Christoph Wamser. Des personnages illustres nous accompagnent dans cette vieille ville charmante qui fut un centre de la Contre-Réforme et bien plus récemment, abrita les usines de voitures Bugatti. Les Jésuites y reçurent Louis XIV en 1683 et Goethe, alors étudiant à Strasbourg, y a raconté sa visite en 1770 dans ses mémoires. Chacun a sa part de nostalgie!

Trois tours nous accueillent à Obernai, ancienne ville de la Décapole. Celle du beffroi, haute de 70 m, l'ancien clocher d'une église médiévale (13e s) dont le reste a aujourd'hui disparu et celle de l'église Saints-Pierre-et-Paul devant laquelle se dresse une statue de Monseigneur Freppel, enfant de la ville, évêque d'Angers et célèbre théologien (1827-1891). Il avait demandé qu'on ramène son coeur à Obernai dès que l'Alsace rentrerait au sein de la France. Dans l'église, une niche abrite aujourd'hui le coeur de l'ecclésiastique patriote. L'autre tour sur la droite servit jadis de prison. Obernai est, après Strasbourg, la ville du Bas-Rhin la plus fréquentée des touristes. Elle offre les images typiques et ravissantes de ces localités de la Route du Vin qui respirent la joie de vivre et la beauté: un dédale de ruelles pavées, bordées de demeures à colombages décorées de balcons, d'encorbellements, avec des portails sculptés surmontés d'emblèmes où le motif le plus fréquent représente une serpette avec une grappe de raisin et un cep de vigne, une jolie fontaine appelée ici puits de la Renaissance, un Hôtel de Ville du 16e s où se trouve aujourd'hui le syndicat d'initiative. Avant de quitter la ville natale de Sainte Odile, nous monterons à la croix qui s'élève dans les vignobles au-dessus de la cité. Elle a été érigée à la mémoire des »Malgré-Nous«, les Alsaciens incorporés de force dans l'armée allemande durant la seconde guerre mondiale.

Est-ce qu'Itterwiller a revêtu ses plus beaux atours pour les touristes? Des couples en costumes folkloriques déambulent dans le rue principale bordée de ravissantes maisons à pans de bois aux façades jaunes et rouges décorées de glorieuses rangées de géraniums écarlates. Des airs d'accordéon s'échappent des cours intérieures fleuries. Nous sommes arrivées au beau milieu de la fête au village. »Exposition gastronomique et des vins d'Alsace«, indique une banderole en travers de la rue. 30 restaurants, hôtels, patisseries de la région exposent leurs plus belles créations de haute cuisine: brioches de foie gras truffé, saumons et brochets nappés de sauces aux couleurs pastel, faisans dorés, somptueuses tartes aux fruits allument le regard et mettent l'eau à la bouche. A l'auberge du village, nous déjeunons de plats rustiques et typiques de la région: tarte flambée, choucroute garnie à l'alsacienne, soufflé au kirsch, le tout accompagné d'un Riesling viril. L'Alsace est le temple des gourmets et des gourmands. Que ce soit à la table de bois d'une Winstub ou sur la nappe immaculée d'un restaurant étoilé, le repas qu'on vous servira restera un souvenir inoubliable. Les enseignes de restaurants : »A l'Agneau«, » A la Vieille Fontaine«, » Aux Raisins d'Or« nous suivent jusqu'à Dambach-la-Ville. A l'entrée, un panneau annonce que la petite cité médiévale abrite 60 points de vente de vins. Dambach est la plus grande grande commune viticole du Bas-Rhin. Chaque année, dans la première quinzaine d'août, a lieu la fête du vin où les viticulteurs locaux font déguster leurs meilleurs crus. Comme dans beaucoup d'autres villages, un sentier viticole emmène les promeneurs à travers la houle de vignobles dont les cépages produisent le Sylvaner, les Pinots blanc, noir, rosé et rouge, le Riesling, le Muscat d'Alsace, le Tokay Pinot gris et le Gewurztraminer.

Nous quittons la Route du vin pour aller visiter l'abbaye bénédictine d'Ebermunster. Au bout de quelques kilomètres, deux clochers à bulbe de style baroque le plus pur se dressent, incongrus, dans le paysage champêtre du Ried (il y a une troisième tour qu'on ne découvre pas de prime abord). L'histoire d'Ebermunster remonte aux débuts du christianisme en Alsace. Fondée au 7e siècle par le duc Etichon, père de Sainte Odile, l'abbaye fut détruite durant la guerre de Trente ans et entièrement reconstruite entre 1719 à 1727 par l'architecte autrichien Peter Thumb. Son intérieur est d'une richesse incroyable. Il faut absolument y entrer, ne serait-ce que pour voir le rétable doré extraordinaire du maître-autel et un des plus beaux buffet d'orgues qu'André Silbermann ait jamais construit.

A quelques kilomètres au sud, Sélestat dont le nom signifie la ville dans le marais, fut résidence des rois Francs, fief de la lignée allemande des Hohenstaufen à partir de la fin du 11e siècle, centre de l'humanisme alsacien vers la moitié du 15e siècle et ville importante de la Décapole. Aujourd'hui, elle est un petit centre industriel de quelque 15000 habitants avec une situation clé entre la haute et la basse Alsace et une localité touristique qui attire près de 100 000 visiteurs au moins un jour dans l'année: le deuxième dimanche du mois d'août, ils viennent assister au Corso Fleuri, un défilé de chars aux figures composées de plus 400 000 dahlias provenant des serres municipales. Ses monuments importants sont regroupés dans la vieille ville que surplombent la Tour des Sorcières et la Tour de l'Horloge, vestiges de l'enceinte médiévale. Deux églises magnifiques d'abord: Sainte-Foy, un des plus beaux édifices romans d'Alsace, construit en grès rose et en granit gris provenant des Vosges gréseuses et des Vosges cristallines et Saint-Georges (13e au 15e siècle) qui illustre les évolutions du style gothique. A l'intérieur, on admirera surtout une belle chaire Renaissance supportée par la statue d'un Samson agenouillé. A proximité, l'hôtel de l'abbaye bénédictine d'Ebermunster possède un portail Renaissance surmonté de coquilles et un joli escalier à vis sur le côté jardin. Plus loin, l'ancienne Halle aux blés fera le bonheur des bibliophiles. Elle abrite la prestigieuse Bibliothèque humaniste de Sélestat, plus de mille manuscripts provenant de la bibliothèque de l'humaniste Beatus Rhenanus, ami d'Erasme et de celle de l'Ecole latine. Avant de quitter Sélestat, nous ferons la »promenade des remparts« d'où nous découvrirons un panorama superbe sur les Vosges et sur le Haut-Koenisbourg, notre prochaine étape.

Quand j'ai vu le Haut-Koenisbourg pour la première fois, à l'âge de dix ans, je l'ai aussitôt adopté comme château de mes rêves. Depuis le donjon carré, de belles dames coiffées de hennins attendaient, le coeur battant, le retour de leurs seigneurs. Leurs regards scrutaient la plaine, fouillaient la profondeur des forêts. Un nuage de poussière s'élevait au loin. Les serviteurs ouvraient les portes des enceintes, les chevaux galopaient sur le chemin pavé, franchissaient le pont-levis, caracolaient dans la cour d'honneur. Un grand festin était préparé dans les salles voûtées du logis seigneurial. Des sangliers entiers rôtissaient dans les cuisines... J'ignorais alors que mon château de chevaliers était un faux, qu'il n'avait pas été construit au moyen-âge, mais seulement à la fin du siècle dernier. Un autre édifice avait bien existé au 12e siècle, il avait appartenu à l'empereur allemand Frédéric I de Hohenstaufen, ensuite aux ducs de Lorraine et finalement aux évêques de Strasbourg. Mais ce n'était pas celui-là. Le château de mes rêves n'était plus qu'une ruine quand la ville de Sélestat l'offrit en gage de loyauté à Guillaume II en 1899. L'empereur décida de relever la forteresse et demanda à Bodo Ebhardt, un architecte médiéviste renommé, de reconstituer un château féodal germanique. Lors de son dernier séjour au château, en avril 1918, il fit graver la fameuse inscription »Je ne l'ai pas voulu!« sur la grille de la cheminée de la salle des fêtes. Il ne parlait pas de la restauration de l'édifice très critiquée des puristes de l'architecture médiévale, mais de son rôle dans la première guerre mondiale. Adulte, j'ai revu mon château de rêve dans »La Grande Illusion« que Jean Renoir tourna en 1937 et dans bien d'autres films à la télévision. Et j'avoue qu'il est toujours aussi romantique et impressionnant à mes yeux.

La Route du Vin dans le vignoble haut-rhinois

Saint-Hippolyte et Rodern se lovent au pied du Haut-Koenisbourg, dans des vallons tapissés de vignes. Nous nous y arrêtons pour y acheter leurs crus bien connus: le »Rouge de Saint-Hippolyte«, déjà très apprécié au moyen âge, revient en force depuis quelques années, le Pinot noir est la spécialité de Rodern. Kintzheim nous raconte des histoires d'animaux. A la Volerie des aigles installée dans le château bâti au XVe siècle, on peut admirer aigles, faucons, vautours et autres rapaces volant en liberté. Un peu plus loin, la Montagne des Singes fait le délice des enfants. Quelque deux cent cinquante macaques de Barbarie, importés d'Afrique du Nord, s'ébattent sur une vingtaine d'hectares de la forêt de Kintzheim et ne sont pas du tout sauvages! Le parc des Cicognes et loisirs attirent une foule de petits et de grands chaque été et durant les week-ends d'automne. Les manèges, le petit train, les promenades avec les poneys Shetland, les chèvres naines du Sénégal, les daims, les lamas, les émeux d'Australie, la maison aquatique avec des centaines de poissons tropicaux, les cygnes et la canardière nous font passer un après-midi délicieux. Au centre de réintroduction des cigognes, on tente de réimplanter le symbole de l'Alsace qui malheureusement tend à disparaître de la province depuis les années 60. Grâce à une technique d'enclos d'implantation, on essaie d'éliminer l'instinct migrateur de la cigogne, d'obtenir sa reproduction en captivité avant de la remettre en liberté. Qui sait? Peut-être que d'ici quelques années, tous les villages alsaciens auront de nouveau leur nid de cigognes comme autrefois.

»Trois châteaux sur une montagne, trois églises dans un cimetière, trois villes dans un val, voici toute l'Alsace«, raconte un vieux dicton de la région. Trois châteaux imposants dominent la charmante cité viticole de Ribeauvillé: le plus élevé est le Haut-Ribeaupierre (642m), construit à la fin du 12e siècle et dont il reste un donjon remarquablement intact; celui de droite est le Guisberg, un nid d'aigle perché sur un piton rocheux, celui de gauche est le Saint-Ulrich, le plus puissant et le mieux conservé des trois avec une magnifique salle des Chevaliers aux neuf fenêtres geminées et une chapelle castrale. Un petit sentier à travers les vignes et la forêt nous conduit aux châteaux, inaccessibles en voiture. Après trois heures de marche allez-retour et la visite des ruines médiévales sous un soleil de plomb, rien de tel pour se désaltérer qu'une eau de la source Carola qui a fait autant la renommée de Ribeauvillé que ses crus. Nous n'aurons heureusement plus beaucoup à marcher car la plupart des curiosités de la cité sont regroupées dans et près de la Grand-Rue: la tour des Bouchers qui l'enjambe, l'ancienne Halle aux Blés du 16e siècle aux arcades gothiques, la jolie fontaine Renaissance devant l'Hôtel de ville de 1713, l'église paroissiale de style gothique avec une vierge de 1515 portant la coiffure alsacienne et la maison de l'Ave Maria appelée aussi Pfifferhus en souvenir de la confrérie des Ménétriers qui se réunissait autrefois dans la ville chaque année.

Hunawihr, connu pour son parc de cigognes et son église fortifiée, est en liesse quand nous y arrivons. La fête folklorique de l'ami Fritz se déroule pour la vingtième fois dans la bourgade fleurie. Nous dégustons une excellente tarte à la moëlle avec un grand cru Rosacker avant de poursuivre notre route à travers les côteaux verdoyants. »Un des plus beaux villages de France« annonce une pancarte à l'entrée de Riquewihr. La citation n'est pas exagérée. Chaque coin de la localité pourrait servir de thème photographique. Nous montons d'abord tout en haut de la tour du Dolder (1291) pour avoir une belle vue d'ensemble de la ville qui s'appuie aux versants couverts de vignes du Schoenenberg et du Sporen. Nous visitons ensuite la Porte haute ou Obertor et la tour des Voleurs avec sa chambre des tortures, encore équipée de redoutables instruments. Et puis, nous partons à la découverte dans la rue Principale, la rue des Ecuries, la rue des Juifs, la rue des Trois-Eglises . . . A tous les pas, c'est une belle maison en pierre de taille ou à colombage, une enseigne originale, une cour intérieure fleurie, un portail sculpté, un oriel, un puits ou une fontaine Renaissance. Nous nous retrouvons devant le château Renaissance des ducs de Wurtemberg, seigneurs de la localité de 1324 à 1796. Une anecdote: l'évêque de Strasbourg qui contestait aux princes allemands la possession de la ville finit quand même par leur céder ce qu'il croyait être ses droits en échange d'une livraison régulière des vins du terroir!

Ces vins du terroir! Eux aussi ont une histoire à raconter au moins aussi mouvementée que celle de leur région! D'abord, ils existent depuis la nuit des temps. Les premiers vignobles furent sans doute plantés par les Celtes, mais ce sont les Romains qui introduisirent en Alsace l'amour du vin. Ils connurent toutefois des débuts difficiles. En l'an 90 après Jésus-Christ, l'empereur Domitien faisait arracher tous les plants car il craignait la concurrence pour sa production nationale. Il fallut attendre 272 et le règne de l'empereur Probus, lui-même fils de vigneron, pour que la culture de la vigne soit réintroduite dans la région. les Alsaciens lui en sont éternellement reconnaissants jusqu'à aujourd'hui! Les Alamans et les Francs n'étaient sans doute pas grands amateurs de bons vins. Ils décimèrent le vignoble pendant leurs invasions. Les moines qui arrivèrent plus tard, vivaient de pain et de vin. Et il leur fallait se nourrir! Entre les 7e et 10e siècles, la culture de la vigne prospéra dans la région. Des abbayes célèbres comme celles de Fulda en Allemagne, de Reims en France et de Saint-Gall en Suisse possédaient leurs vignobles en Alsace. On buvait des crus alsaciens un peu partout en Europe centrale, sur les côtes de la Mer du Nord, en Angleterre. Au moyen-âge le vignoble alsacien était à son apogée. La région comprenait alors 172 communes viticoles (elles sont au nombre de 110 aujourd'hui). A eux seuls, les Colmariens vendaient 93000 hectolitres par an qu'ils embarquaient sur l'Ill. La guerre de Trente ans détruisit aussi bien les hommes que les vignes. Au 18e siècle, la région se releva lentement de ses ruines et de ses ceps saccagés. Mais au 19e siècle, la vigne connaissait de nouveau une crise grave, de santé d'abord et politique ensuite. Le phylloxéra s'abattait sur les vignobles et l'Alsace était annexée à l'Allemagne en 1871. Les Allemands autorisèrent le mouillage et le sucrage du vin qui perdit ainsi de sa qualité et devint invendable à l'étranger. Ils firent aussi arracher les vignes malades et interdirent de les replanter.

Dès 1918, les vignerons, redevenus français, reprirent de situation en main. Ils sélectionnèrent les ceps, supprimèrent les vignobles mal placés pour ne produire de nouveau que des vins de première qualité. Et ils y ont réussi! Aujourd'hui, les crus d'Alsace ont retrouvé leur prestige sur le plan international.

Kayserberg, connu dans le monde entier comme le lieu de naissance du docteur Albert Schweizer, prix Nobel de la Paix, est ma ville alsacienne préférée. Ses rues ont un air d'élégance discrète. Les maisons, qu'elles soient à colombages ou patriciennes, semblent moins ouvertes aux regards curieux des touristes que dans les autres cités viticoles. Les bords de la Weiss respirent la sénérité. On a envie de s'asseoir près du pont fortifié et de rester à rêver... Mais l'ancienne ville impériale qui a fait partie de la Décapole abrite plusieurs monuments qu'il serait dommage d'ignorer: l'Hôtel de Ville de style Renaissance avec un grand oriel à deux étages, l'église Sainte-Croix à l'intérieur remarquable, la maison natale du docteur Schweitzer transformée en musée et dans la Grand-rue un admirable puits Renaissance portant une inscription en allemand qui conseillent aux passants de préférer le vin vieux et subtil à l'eau glacée du puits. Il y a beaucoup de belles choses à voir à Turckheim: l'Hôtel des Deux Clefs, une ancienne taverne de 1620 où nous allons descendre, un imposant Hôtel de Ville de 1595, une église du 19e siècle avec un clocher mi-roman, mi-gothique, trois portes médiévales habitées autrefois par un gardien qui prélevait des droits d'entrée et de sorties sur les marchandises, notamment sur le vin et une fontaine surmontée d'une vierge à l'Enfant du 18e siècle. Jetez-y une pièce en faisant un voeu, il se réalisera dans l'année. L'ancienne ville de la Décapole est célèbre pour la fameuse bataille que Turenne remporta le 5 janvier 1675 sur les forces impériales allemandes avec comme résultat l'attachement définitif de l'Alsace à la France. Mais elle l'est tout autant pour le Brand, un cépage particulier à la ville qui produit un vin plein de corps et de vigueur pour le décrire avec modestie! Heureusement qu'en période estivale, un veilleur de nuit, muni d'une houppelande, d'une hallebarde, d'un cor, d'une lanterne et coiffé d'un tricorne, parcourt les rues à dix heures du soir en chantant en alsacien:

Ecoutez ce que je veux vous dire
La cloche a sonné dix heures
Prenez soin de l'âtre et de la chandelle
Que Dieu et le Vierge vous protègent
Que Dieu donne à tous une bonne nuit.

Colmar

Nous voici enfin à Colmar, Columbarium ainsi que son nom apparaît pour la première fois en 823 sous l'empereur carolingien Louis le Débonnaire. Colmar est une ville historique comme on le découvre en parcourant ses rues qui recèlent toutes de vraies trésors. Elle fut une petite république indépendante au 13e siècle, la ville principale de la Décapole, prêta fidélité au roi français Louis XIV des années seulement après le traité de Westphalie. Voltaire qui y vécut un an après sa querelle avec Frédéric II la décrit ainsi: »Colmar est une ville moitié allemande, moitié française, tout à fait iroquoise.« Après 1871, alors que l'Alsace était de nouveau annexée à l'Allemagne, Colmar lutta contre les influences d'Outre-Rhin. Un de ses plus célèbres »résistants« fut Jean-Jacques Waltz, plus connu sous le nom de Hansi (1873–1951). Le célèbre caricaturiste, poète, historien créa une image stéréotypée de l'Alsacien qui influence encore aujourd'hui le reste des Français. Un miracle s'accomplit durant la seconde guerre mondiale: la ville, enserrée dans la zone de résistance allemande appelée »la poche de Colmar« fut épargnée alors que ses alentours étaient ravagés au cours de violents combats.

Nous entamerons notre visite de la préfecture du département du Haut-Rhin par le plus beau joyau qu'elle possède: le musée Unterlinden (sous les tilleuls) qui occupe l'ancien couvent des Dominicaines fondé au 13e siècle. En fait, toute l'histoire de la ville est incrustée dans les colonnes, dans les arcades, dans les pierres de la chapelle de l'admirable édifice. Nous parcourons ses salles remplies de trésors: le merveilleux rétable d'Issenheim peint par Mathias Grunewald vers 1510, des oeuvres de Martin Schongauer, toute de tendresse et d'harmonie, une Mélancolie de Cranach le Vieux, un portrait de femme de Holbein ... En outre, des collections archéologiques, d'autres d'art et d'artisanat populaires, des oeuvres d'arts décoratifs et d'art contemporain et aussi une salle consacrée au décor d'une cave alsacienne où sommeillent de merveilleux pressoirs du 17e siècle, des tonneaux majestueux et des instruments viticoles anciens.

Tout près du musée, en face du théâtre du 18e siècle, se dresse l'ancien couvent Sainte-Catherine du 14e siècle et juste derrière, au numéro 19 de la rue des Têtes, l'extraordinaire Maison des Têtes, maison de la Renaissance qui doit son nom aux multiples têtes sculptées sur sa façade. L'église des Dominicains de la fin du 13e siècle renferme de splendides vitraux des 14 et 15e siècles ainsi que l'extraordinaire Vierge au Buisson de Roses exécuté par Schongauer en 1473. A côté, une des plus riches bibliothèque de France occupe un cloître du 15e siècle. Le joyau de l'ancienne église des Franciscains, temple protestant depuis 1575, est un vitrail du 15e siècle représentant la Crucifixion. L'église Saint-Martin de style gothique a un portail remarquable dont les sculptures racontent des épisodes de la vie de Saint-Nicolas. Les demeures de la rue des Marchands sont toutes plus belles et plus pittoresques les unes que les autres: la ravissante maison Pfister qui en fait l'angle date de 1537; au numéro 30, la maison natale de Bartholdi abrite un musée consacré au sculpteur; Schongauer aurait vu le jour dans la maison Renaissance au numéro 36; un peu en retrait, la maison Adolphe aux fenêtres gothiques est la plus ancienne de Colmar. Je ne cite que les plus connues ... La rue débouche sur la Koïfhus ou ancienne douane de 1480 dont le rez-de-chaussée servait de dépot et le premier étage d'hôtel de ville au 16e siècle. Avant d'atteindre le quartier des Tanneurs admirablement restauré, nous sommes déjà passé devant plusieurs fontaines d'Auguste Bartholdi (1834-1904). L'architecte colmarien acquit une célébrité internationale après avoir sculpté la Statue de la Liberté du port de New York. Nous allons bientôt voir une autre de ses oeuvres dans la rue des Ecoles, près du Pont Saint-Pierre que nous franchissons pour nous retrouver au coeur de la Petite Venise, le coin le plus pittoresque de Colmar. Aujourd'hui, il pleut à Colmar qui est pourtant la ville la plus sèche de France avec 0,45 mètre de pluie par an. Nous ne pourrons donc pas flâner longtemps sur les berges de la Lauch bordée d'anciennes maisons de bateliers, ni nous asseoir dehors pour savourer une nouvelle spécialité alsacienne depuis deux ans environ: la choucroute de poissons. Avez-vous déjà mangé de la choucroute accompagnée de saumon, d'anguille et de cabillaud, le tout nappé d'une sauce à la crème et au Riesling? Mélange étrange, direz-vous, mais combien délicieux!

Excursions dans les Hautes-Vosges

19 kilomètres séparent seulement Munster de Colmar, mais quel changement soudain de paysage quand nous pénétrons dans la vallée de la ville du fromage! De chaque côté de la route, des prairies grasses , des bosquets de chênes et de châtaigniers au milieu de prés fleuris, des versants boisés et devant nous les larges croupes de la montagne qui apparaissent et disparaissent dans l'échancrure des nuages. L'architecture des maisons est également différente. La pierre remplace souvent les pans de bois. Les demeures sont plus trapues, ont déjà un petit air montagnard. Munster, ancienne ville impériale et membre de la Décapole a gardé peu de traces de son passé historique: l'Hôtel de ville de 1550, une fontaine Renaissance, la Laube, une ancienne halle restaurée datant de 1503 et quelques vestiges d'une abbaye du 18e siècle. N'oublions pas que les Vosges ont terriblement souffert durant les guerres. Pendant la guerre de Trente Ans, les Suédois, qui s'étaient rendu maîtres de presque toute l'Alsace en 1633, exercèrent les pires sévices sur les populations vosgiennes récalcitrantes. Tout au long de notre promenade sur la route des Crêtes et sur la route Joffre, construites comme routes stratégiques en 1915, nous verrons de tristes souvenirs de la première guerre mondiale: des monuments renfermant des ossuaires de soldats inconnus, des cimetières où s'alignent les rangées monotones des croix. Peut-on imaginer que des centaines de milliers d'hommes français et allemands périrent dans des combats sanglants au milieu de la nature somptueuse qui nous entoure? La Route des Crêtes est si belle, les fermes-auberges qui la parsèment si accueillantes! Nous ne voyons plus aujourd'hui que des panoramas merveilleux sur des cols et des ballons qu'envahissent les skieurs en hiver. Nous montons aux hautes chaumes déboisées jadis par les moines où paissent les troupeaux de vaches et en chemin, entrons dans une ferme pour déguster sur place un vrai fromage de munster fermier, fabriqué selon la technique ancienne. La salle de la ferme-auberge est bien accueillante avec ses tables recouvertes de nappes à carreaux rouges et blancs et la vaste cheminée où des pommes de terre cuisent sous la cendre. Des odeurs divines s'échappent de la cuisine: celles de tourtes dorées, de tartes aux myrtilles, de rôtis de chevreau et de baeckaoffa, un plat de porc, d'agneau, de boeuf, de pommes de terre finement coupées, longuement mijoté dans une terrine en terre et arrosé d'un bon jet de vin blanc. Mais avant de passer à table, nous voulons d'abord aller respirer un peu l'air pur des forêts vosgiennes.

Pour découvrir les sites magnifiques de la montagne moyenne, il suffit de monter jusqu'à un des cols de la route des Crêtes, au Bonhomme (951m) à la Schlucht (1139m), au Hohneck (1361m), de s'asseoir sur un piton rocheux et de laisser le regard errer autour de soi. Vallées sinueuses entre des croupes bleutées, lacs aux eaux limpides entourés de forêts de sapins, cascades argentées bouillonnant sur des chaos de rochers . . . paysages à la fois sereins et majestueux. L'air a la saveur des pastilles à la résine de pin de mon enfance quand nous descendons de voiture au Markstein. L'endroit est devenu une station climatique et de sports d'hiver avec des hôtels, des pistes aménagées et même un tremplin. Autrefois, nous faisions du ski sauvage sur les pentes vierges. Pour toute infrastructure, il y avait une hutte où nous allions nous réchauffer et nous dormions chez des fermiers qui louaient des lits pour quelques francs. Aujourd'hui, les Vosges offrent de nombreuses possibilités sportives comme en témoigne ce deltaplane que nous découvrons près du Grand Ballon appelé aussi ballon de Guebwiller, le point culminant des Vosges (1424m).

Retour dans le vignoble haut-rhinois

Avant de retrouver nos bourgades de vignerons aux maisons à colombages, nous faisons un détour vers un vallon solitaire, niché au pied du grand Ballon. Des arbres à perte de vue et puis apparaissent deux magnifiques tours romanes, vestiges de l' ancienne abbaye bénédictine de Murbach, fondée en 727. L'abbaye était très puissante autrefois. Ses abbés étaient princes, leur autorité s'étendait sur les vallées de Guebwiller et de la Thur, sur le Sundgau, la région de Belfort. Ils avaient même des possessions en Suisse et en Allemagne (une partie de la ville de Worms). Mais l'endroit n'était ni assez stratégique ni assez confortable. En 1739, les moines, devenus chanoines, abandonnèrent définitivement l'abbaye pour aller résider à Guebwiller, une petite ville qu'ils avaient créée dans la vallée de la Lauch.

Nous suivons leur exemple et prenons la route de Guebwiller qui s'étale dans le Florival comme ses habitants ont surnommé la vallée. Elle est aujourd'hui une ville prospère, plus industrielle que viticole, mais l'esprit des moines vit toujours dans les beaux édifices religieux qu'elle abrite. L'église Notre-Dame (18e s.) est une des oeuvres néo-classiques les plus intéressantes d'Alsace. Les moines de Murbach résidaient dans les maisons canoniales adjacentes. La nef de l'ancienne église des Dominicains de style gothique, mais avec un jubé, est décorée de belles fresques des 14 et 15e siècles. L'église Saint-Léger, réalisée en magnifique grès rose, est de style lombardo-rhénan ainsi qu'on appelle la période transitoire entre le roman et le gothique. Les deux échelles de cordes et de bois dans une des chapelles rappellent le courage d'une femme: en 1445, les Armagnacs tentèrent de prendre la ville fortifiée par ruse. Mais Brigitte Schick veillait. Elle alluma un grand feu pour donner l'alerte, repoussant ainsi les assaillants qui abandonnèrent leurs échelles. Cette anecdote me rappelle la bravoure des femmes de Rouffach, une charmante ville de vignerons située au nord de Guebwiller. Le dimanche de Pâques 1105, le bailli du château avait fait enlever une des plus jolies filles de la ville. Sa mère éplorée supplia les hommes d'aller la délivrer, mais ils n'osèrent réagir. Elles se tourna alors vers les femmes qui se ruèrent à l'assaut pour sauver l'honneur de la belle. Depuis les femmes occupent le côté droit de l'église, traditionnellement réservé au beau sexe.

Nous visiterons un autre édifice religieux remarquable – le dernier – avant de nous rendre à Mulhouse. Thann qui ferme la route du vin possède, dit-on, le plus beau clocher gothique d'Alsace: la collégiale Saint-Thiébaut, une superbe illustration du gothique flamboyant construite tout en grès jaune de 1332 à 1515. Admirons l'élégante flèche ajourée haute de 72 mètres, le portail principal peuplé de plus de 500 personnages originaux et allons nous asseoir à l'intérieur dans les magnifiques stalles sculptées du 15e siècle. Dans la première chapelle, la Madone des Vignerons nous rappelle que son créateur devait aussi boire le vin du Rangen, l'excellent cru de la cité viticole dont la réputation remonte au moyen-âge. En face du portal nord, un chef-d'oeuvre de l'art flamboyant, la statue de Saint-Thiebaut perché sur la fontaine Renaissance évoque une autre légende sur l'origine de la Crémation des Sapins, la grande fête que la ville célèbre le 30 juin. En route vers la Lorraine, son pays natal, Saint-Thiebaut s'endormit dans une forêt de pins. Un des sapins garda prisonnier son bâton de voyageur où était enchâssée une relique précieuse. Que faire dans ce cas, sinon crier au miracle et vite bâtir une église de pèlerinage et plus tard une ville au nom de sapin!

Mulhouse

La première image que nous avons de Mulhouse est celle d'une grande ville moderne avec des quartiers d'affaires, de hauts immeubles, de larges artères trépidantes de vie et un trafic très dense! Mulhouse est en effet un centre industriel important et la ville la plus peuplée du Haut-Rhin avec quelque 119 000 habitants. Bien bien qu'elle n'ait gardé que peu de souvenirs de son passé – elle a été très endommagée durant le seconde guerre mondiale – elle est quand même très riche en histoire que racontent ses nombreux musées. Elle fut d'abord une bourgade construite autour d'un moulin (Mühle signifie moulin en allemand) appartenant aux évêques de Strasbourg. Plus tard ville impériale, puis membre de la Décapole, elle contracta une alliance avec ses voisins suisses en 1515, devint ville libre et se rattacha par choix à la France en 1798. Au milieu du 18e siècle, trois de ses citoyens y implantèrent la fabrication de toiles peintes appelées indiennes. C'était le début de l'industrie textile en Alsace et de l'essor économique de la ville qui fut encore favorisé par la construction du canal du Rhône au Rhin (1807 à 1834) du canal de Hunningue, des premières voies ferrées dont la ligne Strasbourg-Bâle et par la découverte en 1904 près de Cernay du seul gisement de potasse en France. Après la crise du textile en 1950, Mulhouse a ouvert ses portes à la métallurgie (implantation des usines Peugeot), à la chimie et s'est reconvertie dans des branches liées au textile telles que la fabrication de métier à tisser, de machines à imprimer. Elle est aussi un important complexe portuaire orienté vers l'Allemagne et la Suisse ainsi qu'une ville universitaire abritant aussi l'Ecole supérieure de chimie, l'Ecole supérieure des industries textiles et le Centre de recherche textile.

La province reste le premier centre de traitement du textile en France; de nombreuses tanneries y sont en pleine activité ainsi que des usines de chaussures et d'articles de sport (Adidas). En bref, l'Alsace ne se porte sans doute pas mal puisque qu'elle est la région de France la moins touchée par le chômage.

Le Sundgau

Le Sundgau, c'est le pays du Sud, cette petite région encore assez méconnue du public qui s'étend juste derrière Mulhouse. Et pourtant, combien elle est charmante avec ses collines recouvertes de pâturages, de forêts parsemées d'étangs, ses villages proprets si semblables à ceux de la Suisse, ses rivières paisibles qui serpentent dans des vallons fleuris. Paysages calmes et reposants ... Si nous avions une canne à pêche, nous nous installerions dans les roseaux d'une berge de l'Ill ou d'un de ses affluents et attendrions tranquillement que le poisson morde. L'alternative est de prendre une des routes de la Carpe frite. Elles sont jalonnées de restaurants où l'on peut déguster des carpes de l'étang voisin cuisinées à la mode du pays. Quelque chose frappera nos oreilles quand nous passerons notre commande: les gens ici parlent comme en Suisse! En effet, le dialecte alsacien a deux racines. Au nord, il est dérivé du francique rhénan et au sud de l'alémanique. Trois peuples se rencontrent dans une langue ...

Nous voici arrivés aux premiers contreforts du Jura. La frontière suisse est devant nous et j'aurais eu encore tant de choses à raconter sur cette province unique que nous allons quitter. J'aurais voulu parler de réglementations locales si proches de celles de l'Allemagne: ministres du culte rémunérés par l'Etat, heures d'ouverture des magasins rigidement réglementées et aucun n'a le droit d'ouvrir le dimanche! J'ai également oublié la culture des asperges dont l'Alsacien est aussi friand que son voisin d'Outre-Rhin et l'Auberge de d'Ill, le plus célèbre restaurant de la région. Plus de place non plus pour l'humour alsacien, pour le Barabli et pour le skat. Et je n'ai même pas évoqué René Schickele (1883–1940) auteur alsacien, autonomiste, qui écrivit: »Le pays entre la Forêt-Noire et les Vosges est le jardin commun où les esprits français et allemands peuvent sans encombre se rejoindre, se promener, s'examiner et bâtir des travaux communs.«

What a wonderful garden

"What a wonderful garden!" exclaimed Louis XIV as he first gazed down from the heights of Saverne to survey the attractive province of Alsace. Admiration was mixed with pride, for Alsace had just fallen to France as a result of the 1648 Treaty of Westphalia which ended the Thirty Years' War. At the Sun King's feet lay the wide plain of Alsace, in the distance a backdrop of tree-clad mountains. On a clear day the broad ribbon of the Rhine would have been visible, overshadowed by the massive bulk of the Black Forest on the German side of the river. If Alsace is the smallest region of France (8,324 sq. km and 1,600,000 inhabitants) it is nevertheless one blessed by Nature, as Louis recognized. It borders on Germany and Switzerland and is roughly the shape of a rectangle 200 km long and 40 km wide with a small offshoot, Alsace Bossue, to the north. Its boundaries are geographical features: the Lauter river to the north and the Rhine to the east divide Alsace from the German states of Rhineland-Palatinate and Baden-Württemberg, to the west the hills of the Vosges mark the border with Lorraine, while to the south the foothills of the Jura mark the border with Switzerland. Alsace owes its exceptionally fertile soil to plentiful natural water resources and its landscape is divided into distinct strips running from north to south. Bordering the Rhine is an ancient forest, a veritable jungle of willows, elms and oaks interwoven with vast strands of lianas. The so-called Ried, between the Rhine and the river Ill, is alluvial in character with scattered marshes and woodlands, streams and pools – an ecologist's paradise indeed. The plain of Alsace is crossed by broad bands of loess, a fertile loamy soil; then come the foothills of the Vosges, the home of the famous Alsatian vineyards, and finally the Vosges mountains themselves, the counterpart to the Black Forest on the other side of the Rhine. In the south of Alsace a maze of rivers flow through the valleys of the wooded Sundgau district, completing the picture of a province which Nature has endowed with a profound and satisfying harmony of shapes and colours.

We begin our tour of Alsace in its capital, the fine city of Strasbourg. From here our journey continues north to the Department of Lower Alsace (Bas-Rhin) which strangely enough is more popular among German visitors than French, perhaps because the Alsatian dialect is more predominant and the German influence stronger than elswhere in Alsace. Whatever the reason, Bas-Rhin is well worth exploring. The most famous of Alsace's attractions is the Wine Route which meanders through the centre of Alsace passing vineyards and picturesque villages and we shall follow it southwards, making a few detours to visit famous sights like Mont St-Odile and Haut-Koenigsburg. From Sélestat we move south to Upper Alsace (Haut-Rhin) and then to Colmar, the Prefecture of the Department. We shall make a few excursions into the Vosges before reaching Mulhouse, Alsace's second largest city. Finally we shall pass through the Sundgau, travel down the Rhine to Breisach on the German side of the river, where the area of the Kaiserstuhl displays some striking similarities to that of Alsace, and end our journey in Freiburg in the Black Forest.

Strasbourg

To relate the history of Strasbourg we must go far back in time to the Neolithic Age, to Strasburg's beginnings as a fishing village on the banks of the Ill. The first inhabitants are a Gallic tribe, the Tribocii; then come the Celts. In 12 B. C. the Romans arrive and on an eminence safe from the Rhine floods they erect a military camp, Argentoratum, around the site of the present Minster. The camp is not spared attacks by the Huns and Alemannics and the Romans desert Argentoratum in 407 A. D. leaving Attila and his hordes to raze it to the ground in 451. The Frankish king Chlodwig founds a new settlement on the site, with a name indicative of its considerable geographical and strategic significance; Strateburgum, the town of the roads. After the spread of Christianity Strasbourg becomes the seat of a bishop in the 9th century and under the new ecclesiastical rulers the town grows wealthy and prosperous. On the death of Charlemagne two of his grandchildren, Charles the Bald and Ludwig the German, seize power and join forces against their brother Lothar. The alliance is cemented with the "Strasbourg Oath", the first document to be written in the Germanic and Romanic languages.

By the year 1000 we find Strasbourg nominally a part of the Holy Roman Empire, though its true rulers are still the Bishops. Under Bishop Werner building starts on the first cathedral in 1015; the town expands rapidly and by 1100 has tripled in size. A civic pride emerges and the town receives its first seal in 1201, the same year in which the burghers of Strasbourg are represented on the ecclesiastical council. In 1205 Strasbourg becomes a Free City of the Empire, which guarantees it a number of important rights and privileges – indeed, Philip of Swabia goes so far as to grant the citizens of Strasbourg freedom from taxation. The burghers, feeling themselves powerful enough to strike at the might of their rulers, defeat the bishop's troops at the battle of Hausbergen and deprive the local nobility of their authority. With the burghers at the helm, Strasbourg is now a Free City with a democratic administration that is to survive until the French Revolution. During the Middle Ages Strasbourg's affluence is assured as a foremost centre of trade and commerce. Its importance is further enhanced after the building of the customs house and the great bridge over the Rhine between 1385 and 1388. The storage and transit of goods proves an extremely lucrative source of income and subsequent Emperors, finding themselves highly dependent on the city's wealth, grant Strasbourg any privilege on demand. But the events of two successive years cast a sombre shadow over this period. In 1348 the plague strikes in France; in 1349 the Jews of Strasbourg are held responsible for the epidemic and burnt at the stake. Nearly a century later, in 1444, Strasbourg has 18,000 inhabitants, a vast number for that time. Naturally such prosperity encourages a lively intellectual and artistic tradition. Hundreds of artisans and master builders arrive from all over Europe to take part in the building of the superb sandstone cathedral. In turn, the spiritual influence of the cathedral attracts intellectuals of the day: Gottfried von Strasbourg, the author of that 13th century masterpiece of German literature "Tristan and Isolde": Sébastien Brant, author of the long satirical poem "The Ship of Fools": Erasmus of Rotterdam, a frequent visitor: Johann Gutenberg, who invents the art of printing here, thus assuring the spread of the Gospels. The liberal spirit of Strasbourg is in tune with the approaching ideas of the Protestant Reformation and in 1529 the city officially adopts the new Lutheran faith. Calvin, that other great reformer, also stays in Strasbourg although his ideas are forbidden. In the wake of religious reform the distinguished educationalist and administrator Johann Sturm founds a school in 1538 which within a century becomes a university, and by the end of the 16th century Strasbourg is one of the most successful and enterprising cities in the Holy Roman Empire. A stream of literature leaves the numerous printer's shops and is eagerly snatched up throughout the Empire and beyond. Within the protective confines of the town walls there is a flourishing trade in wine, beer and goods of leather and precious metals. Strasbourg even has its own convertible currency, a coin named the Strasbourg Taler.

Such riches are naturally eyed covetously by the outside world. In the wake of a series of bloody battles Strasbourg's fortunes wane in the final decades of the century and in 1681 Louis XIV's troops march in. Germany, shattered by the horrific slaughter of the Thirty Years' War, abandons Strasbourg to the Sun King and on October 23rd Louis attends Mass in the Cathedral, which till now has been a bastion of the Protestant faith. Robbed of some of its political independence, the city is nevertheless allowed to retain most of its privileges and little by little changes its appearance under the French royal family's dominance. Vauban designs a stronghold, Cardinal Rohan has a sumptuous bishop's palace built, while influential burghers vie in erecting residences "à la Parisienne". French and German cultures meet and merge: Voltaire, Rousseau and Beaumarchais visit the city, Goethe and Metternich attend the university. Then the ravages of the French Revolution reach Strasbourg and the town goes up in flames. Two natives of Strasbourg, Kellermann and Kléber, rise to become leading generals of the Revolutionary Army. In April 1792 a young officer named Rouget de Lisle strikes up a battle song for the Army of the Rhine in the mayor's salon; it is adopted by soldiers returning from Marseilles and becomes the French national anthem, the Marseillaise. Under Napoleon's burgeoning empire Strasbourg finally becomes French and the Empress Josephine, a frequent visitor, instigates the building of the Orangerie. In subsequent years Strasbourg steadily revives its commercial activities and the general standard of living improves. The squalid tanner's quarter disappears, the river promenades are paved, gaslight is introduced and the railway arrives in 1841. But the new age is short-lived. Although the enemy is before the door, the city is totally unprepared for war in 1870 and in no time an onslaught of 200,000 missiles has reduced much of it to rubble. After a 50-day siege its 80,000 citizens capitulate to the Prussians, mourning the loss of such irreplaceable possessions as the Dominican library, home of so many priceless treasures. Suddenly Strasbourg – indeed, the whole of Alsace – finds itself German, and rebuilding is carried out to German tastes. Ancient monuments are ruthlessly demolished to make way for broad highways and although the city benefits from improved communications and a modern harbour, parts of mediaeval Strasbourg vanish for ever. The First World War leaves the city virtually untouched; on November 2nd, 1918 the citizens cheer as French troops liberate the city and Strasbourg becomes French again. When the storm clouds gather twenty years later, many citizens are evacuated to the south-west of France before the Germans take over in 1940 without a shot being fired. A swastika is hoisted above the Minster, which is closed till the war ends. Those who remain and those forced to return find themselves coerced into becoming artificially German. An extraordinary number of children are christened Anita, Marlene, Paul or Roland, names spelt identically in both French and German and therefore impossible for the authorities to alter; the unlucky Frédérics and Guillaumes are fated to turn into Fritzes and Wilhelms. The Allies do little for Strasbourg by bombarding it twice by mistake but finally a division under Leclerc marches into the city on November 23rd, 1944. Now Strasbourg, finally French and the capital of Alsace, can once more resume its role as a major centre of trade and industry. The population of modern Strasbourg numbers 250,000 (double if you count the outskirts), it is the second most important university town in eastern France, the second most important river port and diocese. Since 1949 it has played host to the Council of Europe, the European Commission on Human Rights and the European Parliament. For the visitor, however, Strasbourg is above all a delightful city with its own individual charm, where modern buildings like the Europa Palace blend harmoniously with those older parts of the city not destroyed by war. And above all history has destined Strasbourg to be a spiritual and intellectual melting-pot of German and French culture.

The natural starting-point to explore this unique city is the cathedral. Built of sandstone quarried from the Vosges, it is one of the most beautiful, mysterious and expressive in France and it would need pages to do justice to it fully. A masterpiece of Gothic architecture, it was erected on the foundations of an 11th century Romanesque basilica which in turn was built on the site of a Roman temple dedicated to the god Mercury. It took nearly three centuries – from 1176 to 1439 – to complete the cathedral. Master builders, called in from Chartres, constructed the nave and its superb angel pillar (S. transept) between 1225 and 1275. The massive 11th century portal was torn down in 1284 to be replaced by a pure Gothic facade and in the 14th century the rose window and three towers were added, two of them 142 metres high. Like the city, the cathedral suffered greatly from successive disasters such as the fire of 1759 and would surely have been destroyed in the French Revolution if a quick-witted citizen had not had the presence of mind to adorn the spire with a huge Jacobin's cap of red lead. In 1903 one of the nave pillars was saved from imminent collapse by the masterly intervention of an architect but no power could rescue Notre-Dame from American bombs in 1944.

Opposite the south door of the cathdral stand the city's largest museums: the Musée de l'Oeuvre Notre-Dame and the Château des Rohan, which contains the archaeological museum, the museum of fine art and the museum of applied art. The intricately carved facade of Maison Kammerzell, in the cathedral precinct, makes it the queen of all Strasbourg's ancient houses. From here we make our way to Strasbourg's squares: Place Kléber, with the Aubette, Place Broglie, with the Town Hall and the Prefecture, and the Place de la République with its late 19th century architecture. Strasbourg's most picturesque district is Petite-France. In the old quarter between St Thomas's church and the Ponts-Couverts, once inhabited by fishermen, tanners and masons, half-timbered houses line picturesque streets and border the river Ill. Our walk takes us further to the Barrage Vauban, the work of one of Louis XIV's most eminent architects, and the Orangerie park. Now is the time to sample a well-deserved glass of Kronenburg – the local beer – or one of the region's excellent wines.

Outre-Forêt

The Forest of Haguenau is one of the largest in France, comprising 15,000 hectares of magnificent woodland. In the Dark Ages monks fled into its depths for safety; near the biggest oak tree in Alsace stands a small chapel reminding us of one of their number, St Arbogast, later Bishop of Strasbourg. Outre-forêt, beyond the forest, is the region that extends from the border of the forest to Wissembourg on the German border. Picturesque villages nestling in fertile valleys, wooded or cultivated hillsides, orchards – these all make up the green and rural scenery typical of the plain of Alsace. This is the setting the authors Erckmann and Chatriand chose for their famous novel "L'Ami Fritz". As we wend our way through the characteristic Alsatian villages which have preserved so much of their heritage, we come to Betschdorf, at the edge of the forest, famous for its blue and grey salt-glazed stoneware, whose origins can be traced in medieval German pottery. 17th century half-timbered houses line the Rue de Potiers and the Rue du Dr Deutsch and when we enter one of the stoneware workshops – every one a delight in itself – we cannot resist buying one of the attractive ring moulds or wine jugs. A visit to the stoneware museum reveals more about this traditional Alsatian craft and we admire the equally fine stoneware of Soufflenheim, Betschdorf's rival on the other side of the forest. The "Au Boeuf" inn in Sessenheim recalls the romantic attachment of Goethe, then a student in Strasbourg, to Frédérique Brion, the daughter of the local clergyman. Not far away, a cluster of villages – Hunspach, Oberseebach, Schönenburg and Hohwiller – all lie off the beaten track and we can find no hotels. Stray visitors find accommodation in white half-timbered houses whose curious convex window panes are transparent to those looking out but opaque to those looking in. There are old pumps in farm courtyards, unusual floral decorations, peasants going quietly about their tasks – the atmosphere takes us back centuries. In Oberseebach we can wait for local women in traditional costume to emerge from the Sunday service or in July observe the local wedding customs – and be invited to the wedding breakfast for sure.

The Maginot Line, a series of defences erected along the German-French border in the Second World War, ran alongside these villages and on the road to Wissembourg the steel domes of underground bunkers can still be seen. Near Hunsbach, and open to visitors from March to September, stands the fully furnished Schönenburg bunker which could hold 500 soldiers. Before reaching Wissembourg it is worth making a detour to Merkwiller-Pechelbronn, once famous for its oil-wells. Even in the late Middle Ages peasants used the waters of a tar-laden spring to heal wounds and ailments. Not until the 18th century, however, was it realized that the black substance in the water was in fact mineral oil. Until 1960 the well yielded 70,000 tons of oil yearly, then cheap oil from abroad made the enterprise unprofitable. The well was filled up with concrete, a decision bitterly regretted during the later oil crisis. But in 1910 the search for oil revealed hot springs and today the town is a health resort with thermal baths for the treatment of rheumatism and arthritis.

We move on to the romantic town of Wissembourg, or Weissenburg. Here, where the Lauter river divides into several channels, an abbey was founded in the 7th century, and around its precincts grew this fascinating town whose history is written in the stones of its splendid buildings. In the Middle Ages it was a member of the "Decapole", a medieval league of ten leading Alsatian towns; in 1720 Stanislas Leczinski, the deposed king of Poland, took refuge here and found his stay prolonged while the 16-year-old Louis XV sought his daughter Marie's hand in marriage. First we visit the two fine Renaissance buildings which house the Westerkamp museum, with its interesting displays of traditional crafts and military and archaeological collections. From here we stroll along the old streets and admire the half-timbered houses on the river bank. The Maison du Sel with its unusual roof attracts our attention, as does the handsome Haus Vogelsberger, dating from 1540, and the "Maison de l'ami Fritz", a corner house with pretty oriel windows and a Renaissance doorway that served as the location for the film of the famous novel. In the town centre stands the church of St Peter and St Paul, built of the red sandstone so typical of this area, and nearby is a wonderful Benedictine monastery, never completed. This former Gothic abbey contains an 11-metre-high portrayal of St Christopher (15th century), said to be the largest picture of a person ever painted in France. In the main street we gaze at the "Holzapfel", a post house where Napoleon Bonaparte once stayed, and end our visit in the enchanting surroundings of the restaurant of the „Hôtel de L'Ange" whose walls are washed by the river. But on a Sunday you will find yourself standing before locked doors for, as in much of the region, Sunday is a day of rest. Visitors to this corner of Alsace should note that accomodation is limited and it is always better to book a room in advance. The journey ahead will take us to Lembach, Niederbronn-les-Bains and the villages of Offwiller and Bouxwiller, to Alsace-Bossue across the Pigeonnier pass (432 metres high).
Incurable romantics will find their footsteps drawn to the medieval castles of Fleckenstein, Hohenburg and Wasigenstein, the last of which is reputed to have been a den of thieves. Onwards to Niederbronn-les-Bains, the best-known thermal baths in Alsace, whose healing waters contain chloride and carbon dioxide. They were famous even in the Middle Ages, as numerous remains around the springs testify. The little town has a neat, tidy air, though there is little of special interest apart from the casino – the only one in Alsace, dating from 1824 – and the cemetery with its reminders of the battles of 1870. One grave deserves mention, that of a German lieutenant and his French colleague who both fell during one of Graf Zeppelin's expeditions. The countryside around is unusually beautiful and in 1976 was designated a national park, the Parc Naturel des Vosges du Nord. The park's centre, Petite Pierre, is our next stop. Here the sandstone hills reach an average height of 350 metres (Wintersberg: 581 metres).

The flora of the area is one of the best in Europe, thanks to the unusual climate, a mixture of continental, northern, Atlantic and Mediterranean influences. Our next stop is Offwiller, a pretty little village on a hillside. Like so many places in this region, it has its own local history museum, Haus Offwiller, a former vintner's house. The exhibits have been collected by the villagers themselves, who have contributed tools, furniture, kitchen utensils and traditional costumes. The museum is only open on Sundays, though if we wish to visit the town hall we shall certainly have to choose a weekday. If we are so lucky as to be in Offwiller on the first Sunday in Lent we shall see the dramatic (and tongue-twisting) "Schwiewesschlawerfest", a festival during which burning pieces of wood are thrown down the hillside as a symbol of the lengthening of the days and the rebirth of nature. Tourists seldom find their way to the picturesque villages that we now pass through, but Ingwiller's domed synagogue is well worth a visit, as is Neuwiller-les-Savernes with its stately church of St Peter and St Paul. A small detour brings us to the fertile countryside of Bouxwiller, the village that first opened Goethe's eyes to the sensuousness of the Alsatian landscape. Bouxwiller is of interest for its splendid half-timbered houses with their superb gables and courtyards, but there is also a fine Renaissance town hall, a 17th century Protestant church with an 18th century organ by Silbermann and a museum with an excellent collection of colourful local furniture and stoneware from Lorraine. From the top of the nearby Mont St Sébastien, a solitary peak 326 metres high, the minster of Strasbourg can be clearly seen. This windswept hill, a favourite climb of Goethe's, was once a centre of witchcraft in Alsace. Here the witches' sabbath was celebrated and rumour has it that in the next village, Weiterswiller, the ancient craft is not yet dead . . .

Alsace-Bossue

La Petite Pierre, in the heart of the forest, is a popular health resort and starting-point for a number of interesting expeditions: to the Parc Naturel des Vosges du Nord, to Imsthal, Altenburg, the Turenner tower, to Rocher Blanc and Saut de Chien. The latter, a former garrison, was designed out by Vauban, Louis XIV's great engineer and marshall, but the Prussians closed it down after the 1870 war. We make our way to the castle to explore the ramparts of the south wall, the towers and bastions and the cistern built into the bedrock. From the entrance to the castle there is a wonderful panorama of the old town below. We now enter the area known as Alsace-Bossue, roughly translatable as curved Alsace. Here the forest peters out to make way for a landscape of sandstone and marl whose sparse vegetation serves mainly as grazing land. Geographically speaking this area is part of Lorraine but unlike the rest of that province it was predominantly Protestant and so during the Revolution became part of Alsace. Alsace-Bossue is devoid of tourists. Its capital, Sarre-Union, is not even honoured with a mention in the Guide Michelin, although this pretty little town of 4,000 inhabitants, situated on the banks of the Saar, has a superb Renaissance fountain, some truly fascinating religious buildings whose exteriors hide a wealth of treasures, and plenty of grand half-timbered houses with decorative oriel windows (the best of these, at the end of the Grand'Rue, dates from the 16th century). Mackwiller is also worth a visit, especially for those interested in archeology. Visitors should not miss the Roman villa with its hypocaust, the Gallo-Roman mausoleum and the remains of a sanctuary dedicated to the god Mithras. Druhlingen is likewise of archeological significance, for the woods around the village contain so-called "Seebs", enormous Stone Age pits, man-made and of uncertain date. Up to now eight have been found; they were probably covered with a roof of animal skins and would have provided refuge for a large number of people. The village of Graufthal is dominated by its hillside caves, some of which were still inhabited in the nineteen-fifties. The town walls of Phalsbourg, at the very edge of Alsace-Bossue, were torn down by the Prussians after 1870. They seem to have had reason to fear the inhabitants, for Phalsburg was a birthplace of the valiant – more than twenty of Napoleon's generals were born here, including the formidable George Mouton, whose statue stands in the Place d'Armes and of whom the Emperor said "Mon mouton est un lion . . ."

A view of the plain

We leave Alsace Bossue by the Col de Saverne where the Vosges is at its narrowest, a mere four kilometres wide. High mountains surround us, sandstone to the north, granite to the south. Below us the road slopes gently down through the woods, and in the distance we can see the farmlands between the river Ill and Piemont and the hilly countryside of Kocherberg between the rivers Zorn and Bruche. We are dazed by this sweeping vista, a tapestry of vibrant colour, an artist's palette of many hues. The woods, orchards and fields of sunflowers, tobacco and maize are all shades of yellow and green, the villages are patches of white in sunlit valleys, the Rhine a silver ribbon on the horizon. Our next stop, Saverne, the gateway to Alsace, is a town with a chequered history. The Romans named it Tres Tabernae, the three taverns, and because of its strategic position it has changed hands many times. In the Middle Ages it belonged to the Bishop of Metz, then passed to the Duke of Swabia and subsequently to the bishop of Strasbourg until the Revolution. There was a brief uprising here in 1525 during the Peasants' War but the insurgents finally capitulated to the Duke of Lorraine. Although the Duke decreed clemency his instructions were ignored and the offenders were brutally massacred by the victorious troops.

The first place we visit in Saverne is the Palais Rohan, the "Versailles of Alsace". This magnificent sandstone building was rebuilt betwen 1779 and 1789 on the orders of Bishop Louis-René de Rohan Guéménée. The architect was Salins de Montfort. While we contemplate the imposing facade, 135 metres long, we are reminded of poor gullible Louis-René, so desperately in love with Marie-Antoinette that he made a fool of himself and lost both his appointment and the favour of the king. The story is re-enacted every summer in a son-et-lumière performance in the grounds. Under Napoleon III, Palais Rohan served as a hostel for the widows of civil servants; later it served as barracks until 1944. Now it contains the town's administrative offices, a banqueting hall, a youth hostel, an archaeological museum and a museum of art and history. Next we go to the parish church of Notre-Dame with its 12th century belltower and 15th century nave. Noteworthy features of the interior include four 15th century panel paintings of the German school, a 16th century white marble relief depicting Joseph and Mary lamenting over the body of Christ and a superb late 15th century pulpit by Hans Hammer, who also designed the pulpit in Strasbourg cathedral. Walking along the Grand-Rue, we encounter a number of well-kept 17th century houses before we reach the Franciscan church in the Rue Poincaré. The old cloisters are 14th century Gothic graced with fine frescoes dating from 1618, while the church itself contains a lovely alabaster pièta and some notable 15th century windows. Before leaving Saverne we go along the Route du Col (N 4) to the Botanical Gardens, which contain 2,000 varieties of plants, and then to the Saut du Prince Charles, a 15-metre high cliff of red sandstone. According to legend Duke Charles of Lorraine once galloped down this cliff to elude his enemies; his horse's hoofmarks may be seen to this day. On a height not far from Saverne stands the castle of Haut-Barr, built on three 30-metre-high rocks, two of which are joined by a footbridge, the "Devil's bridge". The castle commands a breathtaking view of the Rhine, the Zorn valley and the neighbouring castles of Grand-Geroldseck and Griffon. Haut-Barr, built around 1090, was badly damaged by an earthquake in 1356 and later demolished by Cardinal Richelieu. Although partially rebuilt in the 18th century, it was finally destroyed in the Revolution. In the 19th century some sections were restored and today visitors can see a Romanesque chapel, remains of the living quarters (restored in the 19th century) the walls of a 100-metre-deep well and the courtyard with a bastion and secret trap-door. Haut-Barr has never enjoyed a good reputation, for it usually served as a prison and the only way out was to be beheaded first. Within these walls the jovial Jean de Manderscheid-Blankenheim founded a society which only admitted members who could, in a single draught, down the contents of an aurochs-horn goblet filled with four litres of good Alsatian wine. Although we have little hope of emulating this Bacchanalian feat, we decide that a couple of glasses of good local wine in the castle restaurant will help us on our way to our next stop, Marmoutier.

The Benedictine abbey of Marmoutier was supposedly founded by a monk named Maurus, or Maur, in the 8th century, although other accounts attribute the first buildings to the 6th century. Moutier is an old French word for monastery, so the name of the town simply means Maur's abbey. Richly endowed by the Merovingian kings, the abbey became very powerful, although today only the church remains, a building of pure Romanesque which towers majestically over the surrounding village. We admire the great 12th century facade and when we enter, the shadowy interior also impresses us with its compelling aura of mystery. Occasionally concerts are held in the church, whose acoustics are remarkable. There was once an influential Jewish community in Maurmoutier and the Jews of Alsace are given special prominence in the Museum of Folk Art, which is housed in a pleasant 18th century farmhouse.

Mont-St-Odile

Before joining the Wine Route we branch off to a place where Goethe, Maurice Barrès and so many other great writers have come to meditate and seek inspiration – Mont-St-Odile, the holy mountain of Alsace. With its striking setting on a sandstone peak, surrounded by dark fir woods, the monastery dominates the whole region. What should we relate, the history, the legend? Preferably both. The history of Mont St-Odile starts in the 7th century when Adalric, or Etichon, Duke of Alsace, gave Castle Hohenburg to his daughter Odile. Here she founded the first convent of the region. Odile, ever devout and compassionate during her life, was canonised in the 11th century by the Alsatian pope Leo IX. The legend is naturally more dramatic; Odile was born blind and her villainous father Etichon, assuming her blindness to be God's punishment for his past sins, ordered this living rebuke to his wickedness to be put away. But Odile's mother Beeswinde saved her daughter's life by entrusting her to the Abbess of Baumes-les-Dames. At the christening the infant regained her sight and was therefore named Odile, meaning the daughter of light. One day her younger brother Hugo brought her home in triumph. In his rage Etichon murdered his son and then, conscience-stricken, bestowed precious gifts upon his daughter and presented her with his castle for her to found a convent. If pilgrims to Mont-St-Odile praise its atmosphere of beauty and light it is nonetheless difficult for us to feel a similar sense of awe in the swarm of tourists. With at least a million visitors annually, St Odile is the second most popular tourist attraction in Alsace after Haut-Koenigsburg. We climb up to the Mur Païen, the 10 kilometre long "pagan's wall" that encircles the hill. This extraordinary fortification is said to date from 500 B. C., the end of the Celtic age. We wonder how the builders could possibly have raised the wall's stone blocks, each one weighing several tons, to such a height. The mystery has not been solved to this day.

We stop awhile in Ottrott, whose houses seem to be set in a huge garden, and purchase a local speciality, a rosé wine made of Pinot Noir grapes. In summer visitors board a little steam train drawn by a locomotive of the Belle Epoque, which chugs sedately between Ottrott and Rosheim, but we continue along a country road lined with apple trees in the direction of Boersch. The best description of this charming rural community comes from the well-known Alsatian caricaturist Hansi: "One would say a toy, a minitown, built in the centre of an exhibition park by an architect who in the limited space available has brought together all the characteristics of a small town of the Alsatian wine country." And he is right. Nothing is missing. There is a town wall, a Renaissance town hall and a Renaissance fountain, winding lanes of half-timbered houses and an 18th century church. Behind it is concealed a little chapel of 1723 whose figure of Christ on the Mount of Olives is a subject found frequently in this region.

The Wine Route in Lower Alsace

The Wine Route has been the subject of so many songs, descriptions and poems that it seems only platitudes are left to me. The route meanders for 100 kilometres from Marlenheim to Thann (if you are from Strasbourg) or from Thann to Marlenheim (if you are from Upper Alsace), through varying landscapes that seem to contend with each other to enchant the traveller. If we find ourselves in Marlenheim or Molsheim the blue and violet of the Vosges is silhouetted on the horizon to our right. Great expanses of dark green flow towards us to meet the brilliant yellow of sunflower fields, the shimmering green of maize and the tender green of the vineyards, interspersed with the high brown poles which suppport the vines. Scattered among the vineyards are hillside villages with a church spire or onion tower arising from their centre. And all along the road are signs portraying either fat geese, indicating a farm selling its own pâté de foie gras, or grapes, which indicate wines can be tasted by the roadside.

Molsheim, at the entrance to the Breusch valley, is our first stop on the Wine Route. We walk around the red sandstone town walls, into which houses have been set, before reaching the Porte des Forgerons (1412) to enter the town itself. Our tour takes us to Schloss Oberkirch (1770), the Metzig, a stately Renaissance building erected by the Butcher's Guild in 1554, and the Jesuit church, designed by the German architect C. Wamser in 1615, now a parish church. This pretty town was once a centre of the Counter-Reformation and until recently Bugatti cars were manufactured here. Many prominent visitors have passed through: the Jesuits entertained Louis XIV in 1683 and Goethe, who studied in Strasbourg, recalled his visit of 1770 in his memoirs. To each his own nostalgia!

The outstanding feature of Obernai, an old town of the Decapole, is its three tall towers – the town hall tower, 70 metres high, a medieval church tower, (all that remains of the building), and the tower of the church of St Peter and St Paul, in front of which stands the tall statue of a famous theologian, Monseigneur Freppel. A native of Obernai, Freppel was born in 1827 and became Bishop of Angers. Before he died in 1891, he asked that his heart should be brought back to Obernai as soon as Alsace reverted to France. Today the patriotic bishop's heart lies in a niche in the church. The other tower on the right was once used as a prison. After Strasbourg, Obernai is the most frequently-visited town of Lower Alsace. It is a characteristic town of the Wine Route, attractive, radiating joie de vivre. Half-timbered houses displaying trim balconies and neat oriel windows jostle for space in a maze of lanes; the doorways are embellished with carvings, mostly of vineyard motifs. The town hall dates from the 16th century, and nearby we find the typical ornamental fountain. Before we leave Obernai, the birthplace of St Odile, we climb up to the cross that stands among the vineyards above the town. It is a memorial to the "Malgré-Nous", those Alsatians who were forced to serve in German army in the last war.

Ittwiller looks as if it has decked itself out especially for our arrival. The window-boxes on the main street are bursting with flowers, couples stroll along in traditional costume and the sound of accordions can be heard from leafy inner courtyards – we have arived in time for a festival, and a banner over the street announces an "Exhibition of Gastronomy and Wine in Alsace". Thirty restaurants, hotels and patisseries of the region are displaying their haut-cuisine creations: brioches with truffles and pâté de foie, salmon and pike in a delicate pastel sauce, golden pheasant and elaborate fruit pies meet our gaze and make our mouths water. The village inn offers us a more modest – and more typical – repast, an onion tart with sauerkraut, a kirsch soufflé, all washed down with a glass of full-bodied Riesling. Alsace is the mecca of gourmets and every meal is an unforgettable experience, whether taken at a scrubbed wooden table in an inn or in the elegant surroundings of a recommended restaurant. The signboards of inns – "A l'Agneau", "A la Vieille Fontaine", "Aux Raisins d'Or" line the route until we reach Dombach-la-Ville, where a notice informs us that there are 60 wine shops in this small medieval town. Dombach, the largest of the wine-growing centres of Lower Alsace, celebrates its wine festival in the first half of August, when vintners bring their best and most celebrated wines out for tasting. As usual, a footpath winds up through the hillside vineyards, from whose grapes all kinds of wine are produced: for instance Sylvaner, Pinot blanc, noir, rosé and rouge, Riesling, Muscat d'Alsace and Gewürztraminer.

Not far distant from the Wine Route stands the Benedictine abbey of Ebersmunster, its pure Baroque onion towers looking somewhat incongruous in the flat landscape. The history of Ebersmunster goes back to the beginnings of Christianity in Alsace. The abbey was founded in the 7th century by Duke Etichon, the father of the saintly Odile, destroyed in the 30 Years' War and rebuilt between 1719 and 1727 by the distinguished Austrian architect Peter Thumb. The interior of the abbey is of astonishing splendour and we cannot pass without entering to see the golden retable on the high altar and one of the most magnificent of all Silbermann's organ casings. A few kilometres to the south lies Sélestat, or Schlettstatt, (meaning the town in the marsh) once the residence of the Frankish kings and a fief of the Hohenstaufen dynasty from the end of the 11th century. Sélestat was a centre of humanism in Alsace in the 15th century and a leading town of the Decapole. Nowadays it is a small industrial town of about 15, 000 inhabitants in a key position between Upper and Lower Alsace. Tourists, as many as 100,000, flock here on one day in the year, the second Sunday in August, to watch the Corso fleuri, a colourful procession of floats decorated with hundreds of thousands of dahlias. The sights of Sélestat are concentrated in the Old Town, which is dominated by the Tour des Sorcières and the Tour d'Horloge, both fragments of the medieval town wall. There are two fine churches: Sainte-Foy, one of the best examples of Romanesque in Alsace, built of sandstone and granite from the Vosges, and St Georges (13th -14th century), which clearly illustrates the development of the Gothic style. Inside, our attention is drawn by the pulpit, supported by figure of a kneeling Samson. Next door the Ebersmunster Hostel boasts a Renaissance portal decorated with shells and a pretty spiral staircase on the garden side. Behind stands the Halle aux Blé, the corn hall, a shrine for bibliophiles, for it now houses the famous Sélestat library. Here there are more than 1,000 manuscripts, mainly from the collection of the humanist Beatus Rhenanus, friend of Erasmus, and from the Latin school. Before leaving Sélestat we walk along the town walls which offer a panoramic view of the Vosges and Haut-Koenigsburg, our next destination.

When I saw Haut-Koenigsburg for the first time at the age of 10, I immediately made it the castle of my dreams. I saw the aristocratic ladies of the castle in Burgundian headdresses standing on the square keep with fast-beating hearts, waiting for their lords to return. They gazed over the expanse of the plain and stared into the depths of the forests until a cloud of dust appeared in the distance. The servants opened the town gates, the steeds galloped over the cobbles, crossed the drawbridge and trotted into the courtyard. A great banquet had been prepared in the vaulted hall, and the scent of roast boar wafted from the kitchens . . . but little did I know that my knight's castle was a counterfeit, built not in the Middle Ages but at the end of the last century. There certainly was a medieval castle here once, and it belonged in turn to Emperor Friedrich I of Hohenstaufen, the Duke of Lorraine and the Bishops of Strasbourg. But not this building. My dream castle was a mere ruin when it was presented to Kaiser Wilhelm II by the loyal citizens of Sélestat in 1899. The Kaiser resolved to rebuild the castle and instructed a specialist in medieval architecture, Bodo Ebhardt, to reconstruct a Germanic feudal castle. During his last stay in the castle in April 1918 he had the famous inscription "Ich habe es nicht gewollt!" (I didn't want it!) carved into the mantelpiece of the banqueting hall. This referred not to the highly criticized restoration of the castle but to his questionable role in the events of the First World War. Later I saw my dream castle in the Jean Renoir's film „The Great Illusion" (1937) and for me it was as romantic and impressive as ever.

The Wine Route in Upper Alsace

In the rolling vine-covered countryside at the foot of Haut-Koenigsburg we come to the villages of Saint-Hippolyte and Rodern and stop to buy an Alsatian wine, or a "Cru", in this case a "Rouge de Saint-Hippolyte" that was a favourite as far back as the Middle Ages and nowadays is increasingly sought-after. In Rodern the speciality is wine from the Pinot Noir grape, while Kintzheim offers a speciality of a completely different kind in the grounds of its 15th century castle – a wild-life park. Here eagles, falcons, vultures and other birds of prey can be observed in free flight and the monkey enclosure is the delight of younger visitors. In another enclosure, about 250 meerkats from North Africa perform their antics with no trace of shyness. The leisure park is a tremendous attraction in summer, for it offers a circus arena, a liitle train, rides on Shetland ponies, dwarf goats from Senegal, fallow deer, llamas, Australian emus, a vast aquarium with hundreds of tropical fish, swans and ducks galore and a stork centre, the purpose of which is to reintroduce the stork, the symbol of Alsace, to the province. Now experiments are under way to dissuade the storks from migrating and persuade them to breed in captivity before being set free. Who knows? Perhaps in a few years every Alsatian village will once again have its traditional stork's nest.

"Three castles to a mountain, three churches to a churchyard and three villages to a valley – that's the whole of Alsace" is an old saying and true to form three castles dominate the delightful wine centre of Ribeauville. The highest of the three is Ribeaupierre (642 metres), dating from the late 12th century, with an exceptionally well-preserved keep; on the right is the Guisberg, perched like an eagle's horst on a rocky crag; on the left is St Ulrich, the largest and best-preserved of all, with a Great Hall lit by nine double windows. The castles are inaccessible by car, so we take a footpath through the vineyards and woods. It takes three hours to get there and back and we tour the medieval ruins under a leaden sky. Nothing could be more refreshing than to end our walk by drinking at the waters of the Carola spring, which enjoy as good a reputation as Ribeauville's wines. Luckily, we need not go much farther, as most of the sights of the town are in the Grand-Rue – the Tour des Bouchers, the 16th century Halle au Blé with its Gothic arches, the pretty Renaissance fountain in front of the town hall (1713), the Gothic parish church with a 15th century statue of the Virgin wearing a traditional Alsatian cap, and the Ave Maria house, or Pfifferhus, a reminder of the ancient Guild of Minstrels who once held yearly meetings in the town. Hunawihr, notable for its stork park and its fortified church, is in holiday mood when we arrive, for the 20th „Ami Fritz" folk festival is in full swing in the market-place. We enjoy a slice of excellent bone-marrow pie with a glass of Grand Cru Rosacker before continuing through the hilly green countryside to Riquewihr, which announces itself as "One of France's most beautiful villages". The claim is not exaggerated, for any part of Riquewihr could be a subject for a picture postcard. First we ascend the Dolder gateway (1291) to take in a view of the whole town, and then proceed to the Porte Haute and the thieves' tower with its torture chamber full of dubious instruments. Of course we cannot miss the Rue Principale, the Rue des Ecuries, the Rue des Juifs and the Rue des Trois-Eglises . . . and at every step there is a photogenic half-timbered or quarry-stone house, an unusual sign, a flower-filled courtyard, a carved doorway, an oriel window or a Renaissance fountain. At last we reach the Renaissance palace of the Duke of Württemberg, lords of Riquewihr from 1324 to 1796. The story goes that Bishop of Strasbourg contested their ownership of the town but finally withdrew his claim after being promised regular deliveries of Alsatian wine . . .

The Crus of Alsace! The wines have as chequered a history as their homeland and their origins lie far back in the mists of time. It may have been the Celts who first planted vineyards here but the Romans first introduced a real taste for wine into Alsace. Nevertheless viticulture had no easy start, for in 90 A.D. Emperor Domitian had the young vines uprooted, fearing competition with his own country's products. Wine-growing was not introduced again till 272 A. D. under Emperor Probus (himself the son of a vintner), a deed which has earned him the eternal gratitude of the Alsatians. The Alemannics and the Franks, evidently no great wine-drinkers, destroyed the vineyards during their invasions. The monks who arrived later, however, lived from bread and wine, and judging by the number of vineyards recorded between the 7th and 10th centuries, they can scarcely have gone thirsty. Famous abbeys like those of Fulda in Germany, Saint-Gall in Switzerland and Rheims in France all owned vineyards in Alsace, whose wines were popular throughout central Europe, around the North Sea and in England. In the Middle Ages Alsatian wine production reached its peak; in Colmar alone 93,000 hectolitres were sold and shipped down the river Ill every year. But both vines and men fell prey to the appalling savagery of the Thirty Years' War and not till the 18th century did the wine industry start a slow recovery. Two disasters befell the vintners in the 19th century, one biological, one political. First the vine pest, phylloxera, struck: secondly Alsace became part of Germany in 1871. The Germans uprooted the diseased plants but forbade the planting of new ones. They allowed the wines to be diluted and sugared whereupon the quality suffered and the customers went elsewhere. But after 1918, the vintners, now French again, were their own masters. They reorganized the vineyards, removed vines planted on unsuitable sites and revived their time-honoured craft of producing first-class wines. And they succeeded, for the Alsatian Crus have won back their international prestige.

Kaysersberg, known throughout the world as the birthplace of the Nobel Peace Prize winner Dr Albert Schweitzer, is my favourite town in Alsace. There is an air of discreet elegance about its streets and the half-timbered and patricians' houses seem more aloof from the expectations of the tourists. There is a tranquil atmosphere about the banks of the river Weiss and one feels inclined to sit upon the fortified bridge (unique in Alsace) and daydream. But there is plenty to see in this former town of the Decapole. We shouldn't miss the town hall with its two-storey oriel window, the interior of the Eglise Saint-Croix or the birthplace of Albert Schweitzer, now a museum. We are amused by the inscription in German on the Renaissance fountain in the Grand-Rue which cautions passers-by not to drink the icy spring-water but to try a glass of vintage wine instead. Turckheim also offers much to the visitor. We put up in the picturesque Hôtel de Deux Clefs, a former tavern of 1620, and tour the sights. The imposing town hall dates from 1595, the 19th century church has a half Romanesque, half Gothic bell tower, there are three medieval gateways, formerly inhabited by a tollman whose job it was to collect tolls on goods, especially wine, entering and leaving the town, and a fountain with an 18th century statue of the Virgin and Child. Toss in a coin and your wish will surely be fulfilled within the year. Turckheim was also a town of the Decapole and the site of the great battle of 1675 in which Turenne was victorious over the German Emperor's troops, thus uniting Alsace with France. But Turckheim's fame also rests on the "Brand", a kind of grape peculiar to the town. It yields a potent, full-bodied wine, to put it mildly. On summer evenings a cloaked night-watchman patrols the town at ten o'clock carrying a halberd, horn and lantern and wearing a three-cornered hat. He sings in Alsatian: "Listen to what I tell you, the clock has struck ten, put out your fire and candle with care; may God and the Virgin protect you, and God give you all good night".

Colmar

At last we have reached Colmar. It is first recorded in 823 as "Columbarium", under the Carolingian emperor Louis the Pious. Even at first sight, the streets of Colmar are full of historical interest. In the 13th century this was a tiny independent republic, the capital of the Decapole; not till years after the Treaty of Westphalia did it grant its allegiance to Louis XIV. After Voltaire had quarrelled with Frederick the Great he moved to Colmar for a year and described Colmar as "half French, half German, all Iroquois" (the Iroquois were a confederation of Indian tribes). When Alsace was returned to Germany in 1871, Colmar opposed the influences from across the Rhine. One of the most prominent of the "resistance" of the time was Jean-Jacques Waltz, better known as Hansi (1873-1951). This famous caricaturist, poet and historian created a picture of the stereotype Alsatian which has influenced fellow Frenchmen ever since. A miracle occurred during the last war, for Colmar, in a pocket of resistance against the Germans, suffered virtually no damage although the countryside around was devastated by bloody battles.

We pay a visit to the proudest possession of Colmar, indeed of Upper Alsace, the Museum Unterlinden in the former 13th century Dominican convent. In fact the whole history of the town is written in the pillars, arcades and walls of the serene monastery chapel. The museum is full of treasures, foremost of which is the world-famous Isenheim altar, painted by Mathias Grünewald in 1510. There are also works by Martin Schongauer full of warmth and harmony, a "Melancolie" by Lukas Cranach and the portrait of a woman by Holbein. In addition we discover collections of archeological finds, folk art, crafts and contemporary art, and even the replica of an Alsatian cellar with a fine 17th century winepress, impressive barrels and vintners' tools. Near the museum, opposite the 18th century theatre, stands the cloister of St Catherine (14th century) and directly behind this, in the Rue de Têtes, stands house no. 19, the notable Renaissance "Maison de Têtes", so-called because of the many heads carved into the facade. The Dominican church is 13th century; its windows contain some superb examples of medieval glass and also of interest is an unusual "Madonna of the Rose Hedge" painted by Schongauer in 1473. Next door we find a 15th century cloister containing one of France's richest libraries. The glory of the Franciscan church, which has served as the Protestant church since 1575, is a 15th century window portraying the Crucifixion. The Gothic minster of St Martin is also worth a visit for its unusual doorway with sculptures illustrating scenes from the life of St Nicholas. Along the Rue de Marchands we discover that the each house seems more quaintly attractive than the last. The corner house, or Pfisterhaus (1537), deserves special mention, as does No. 30, the birthplace of the sculptor Bartholdi, now the Bartholdi museum, No. 36, where the painter Schongauer is said to have been born, and, set back from the others, Haus Adolph, the oldest house in Colmar, distinguished by its Gothic windows. The street leads to the Koïfhaus, the former toll house of 1480. Its basement was a warehouse while the upper floors accommodated the town hall. Before moving into the painstakingly restored tanner's quarter, we stop to look at some of Bartholdi's fountains. The architect (1834-1904) won himself an international reputation after designing the Statue of Liberty for New York. Cross the Pont St Pierre, we find ourselves in the heart of Petite-Venise, the most picturesque quarter of Colmar. It is raining, although Colmar, with only 0.45 m annual precipitation, is the driest town in France. For a short time we wander along the banks of the Lauch, lined with the old houses of ferrymen, then decide to sit inside rather than outside a restaurant to try Alsace's brand-new speciality, sauerkraut with fish. Have you ever tasted sauerkraut cooked with salmon, eel and cod and served in a creamy wine sauce? A strange combination, you will say – but unexpectedly delicious!

Excursions to the Upper Vosges

Although only 19 kilometres separate Munster from Colmar, the change in the landscape is remarkable when we reach the valley in which Munster lies. This is a cheese-making area and each side of the road there are green fields, oaks and chestnuts standing in flowery meadows, wooded hillsides and in the distance mountains occasionally hidden by clouds. The architecture is also different, for stone is now more common than half-timbering and the houses are sturdily-built, more like those in the mountains. Munster was once a town of the Empire and of the Decapole but has retained few memorials to its eventful past: the town hall of 1550, a Renaisssance fountain, the Laube, an old restored hall of 1503 and the remains of an 18th century abbey. We should not forget that the Vosges area has suffered terribly under a succession of wars. During the Thirty Years' War the Swedes occupied most of Alsace after 1633 and severely ill-treated the native populatiion. Along the whole length of the Route des Crêtes and the Route Joffre (which was laid out in 1915 for strategic purposes) we find sad memories of the 1914–1918 war: charnel-houses full of the bones of nameless soldiers and cemeteries with row upon row of closely-packed crosses. Can we imagine nowadays that so many French and Germans could slaughter each other in the midst of this fertile countryside? The Routes des Crêtes is so attractive and the Fermes-Auberges, the holiday farms, so inviting. Today our eyes are drawn to the commanding view of mountain passes and peaks which in winter will be crowded with skiers. We climb up to the Hautes-Chaumes (stubble fields) that were originally cleared by monks and where now cattle graze peacefully. On our way we stop at a Ferme-Auberge to sample some of Munster's traditional farmhouse cheese on the spot. The room in the Ferme-Auberge has a cosy atmosphere with its red and white gingham tablecloth and its huge fireplace. But before sitting down at the table we decide to work up an appetite by taking a breath of fresh mountain air. To see the wonderful scenery of the central Vosges you need only cross one of the passes on the Routes de Crêtes, either the Bonhomme (952 m), Schlucht (1139 m) or Hoheneck (1361 m) pass, then seat yourself on a high rock and let your gaze wander. As we get out at Markstein, the air tastes of the resin pastilles I remember from my childhood. Markstein is now a health and winter sports resort with hotels, ski pistes and even a ski-jump, though I used to ski on deserted slopes where the only attempt at infrastructure was a hut where we could warm ourselves. We slept at farms for a few francs a night. Now the Vosges offers a whole range of sports facilities, as the hang-glider proves that sails around the Grand Ballon, at 1, 424 metres the highest mountain of the Vosges.

Back to the vineyards of Upper Alsace

Before we return to our village in the wine country we take a detour to one of the remote hollows at the foot of the grand Ballon. At first there are only trees as far as the eye can see; then two splendid Romanesque towers appear, the reamins of the former Benedictine abbey of Murbach, founded in 727. The monastery once wielded great power. Its abbots were also princes and it ruled the valleys of Guebwiller and Thur and the Sundgau and Belfort districts. The abbey also had possessions in Switzerland and in Germany. But in 1739 the monks, feeling their old home was neither sufficiently strategic nor comfortable enough, left Murbach for Guebwiller, a little town in the Lauch valley.

We follow their example and make our way to the valley named Florival and to Guebwiller itself. It is a prosperous town nowadays with less wine-making than industry, though the spirit of the monks still lives on in its fine religious buildings. The 18th century church of Notre Dame is one of the most interesting neo-classical buildings in Alsace and the adjacent houses provided quarters for the monks from Murbach. Medieval wall-paintings adorn the nave of the former Dominican church, of Gothic design with a later choir-screen, while the sandstone church of St Léger is an example of the Langobard-Rhenish style, an elegant way of saying somewhere between Romanesque and Gothic. The two rope ladders in one of the chapels are a memorial to the courage of one woman: Brigitte Schick. In 1445 Guebwiller was besieged and the Armagnacs attempted to take the defences of the town by cunning. Brigitte was watching and set up the alarm by lighting a huge bonfire, thus driving back the invaders on their ladders. This story reminds us of the bravery of the women of Rouffach, another pleasant town among vineyards, north of Guebwiller. On Easter Sunday in 1105 the castle bailiff abducted one of the prettiest girls in the town. In floods of tears her mother begged the men of the town to rescue her daughter, but none dared. And so she appealed to the women who immediately sped off hot-foot to save the honour of the unfortunate beauty. Since that time the women have always sat on the right of the church, the side normally reserved for the stronger sex.

Our tour takes us to another memorable religious building, the last before we leave for Mulhouse. Thann is the last stop on the Wine Route. They say the tower of its Gothic church of St Thiébaut is the finest in Alsace. This yellow sandstone collegiate church is the epitome of late Gothic and took from 1332 to 1515 to complete. We marvel at the elegant open stonework of the spire, 72 metres high, the main doorway with over 500 original stone figures and, in the interior, the superbly-carved 15th century choirstalls. In the first chapel there is a Madonna of the Vineyards, a reminder that her creator must also have enjoyed the excellent local Cru, for Thann's best wine was as celebrated in the Middle Ages as it is now. Opposite the north door is a masterpiece of late Gothic, a statue of St Theobald above a fountain, recalling the ceremony of burning the firs that takes place on June 30th every year. According to legend a certain Duke Eberhard came across St Theobald's servant under a tree with a staff which held his dead master's ring; the staff could not be removed from the spot and an eerie light burned around the tree. This was taken as a sign that a pilgrim's chapel should be built and around the shrine sprang up the town of Thann (Tanne = fir tree).

Mulhouse

At first sight Mulhouse is just another modern industrial city with high-rise blocks and wide streets, with all the activities – and all the traffic problems – of a metropolis. Mulhouse, with about 119,00 inhabitants, is the largest town in Upper Alsace. Although there are few old buildings left – Mulhouse suffered extensive damage in the last war – the city is rich in history as is evidenced by the many museums. Mulhouse was once a small market town around a mill, ruled over by the Bishop of Strasbourg. It became part of the Empire, joined the Decapole, allied itself with its Swiss neighbours in 1515, became a free city and in 1798 voluntarily became part of France. The Alsatian textile industry began here in the mid-18th century when three resourceful citizens started to manufacture printed fabrics. Mulhouse expanded to become a centre of trade and industry, at the same time benefitting from 19th century improvements in transport: the Rhône-Rhine and Hüninger canals were opened and the first railways laid out, among them the Strasbourg-Basle line. In 1904 the only source of potassium oxide in France was discovered near Cernay. After the textile crisis of 1950 Mulhouse opened its doors to the chemical and the metal industry (Peugeot cars) and encouraged textile-related enterprises such as the production of looms and printing machines. Mulhouse maintains close trade connections with Germany and Switzerland through its large river port. It is also a university town and has specialist colleges for chemistry and textiles and a centre for textile research. Mulhouse is still the main centre of the textile processing industry in France, with numerous tanning factories and shoe and sportswear firms (Adidas). In short, Alsace seems to be doing very nicely, and the level of unemployment is lower than any other in France.

The Sundgau

The Sundgau is the land in the south, a district to the south of Mulhouse where tourism is virtually unknown. It is nevertheless a delightful area, with its open hilly country, its woodland pools, its spotless villages so reminiscent of Switzerland and its peaceful streams that meander through winding valleys. Amid this scenery we find rest and recuperation, and if we only had a fishing rod we would sit among the reed beds beside a river and wait patiently for a fish to bite. The alternative is to make straight for a "Carpe frite" (fried carp) street and select one of the restaurants where we can relish crispy fried portions of freshly-caught carp à l'Alsace. When we give our order, we can hardly believe our ears, for the local accent is pure Swiss! In fact the Alsatian dialect has developed from two sources, Rhenish-Franconian in the north and Alemmanic in the south – three peoples, one language. We are now about to enter the first foothills of the Jura mountains and the Swiss border lies right ahead of us. I could recount so much more of interest about this unique province that we must now leave. I should have liked to talk more about the local laws, so similar to those of Germany, the fact that the Minister for Culture is paid by the state and that shopping times are strictly controlled, with no shop allowed to open on Sundays. As to food, I have not yet spoken of the Auberge d'Ill, the most famous resaturant of the region. I should also point out the many asparagus farms, for this vegetable is held as dear among the Alsatians as among their neighbours just across the Rhine. There is no space to describe the Alsatian sense of humour, the cabaret, local pastimes, although maybe there is just room for one quotation by the Alsatian author and autonomist René Schickele (1883–1940); "The land between the Black Forest and the Vosges is a shared garden where the French and the German spirit may meet freely, walk together, observe each other and work to a common aim".

Die Bilderreise durch das Elsaß beginnt in Straßburg. Danach verläuft die Tour entlang der Weinstraße, beginnend in Wissembourg mit einem Abstecher in die Vogesen. Hinter Mulhouse geht die Fahrt in die ländliche Idylle des Sundgaus bis zur Schweizer Grenze. Straßburg, das vor kurzem seine 2000-Jahrfeier hatte, ist Sitz des Europa-Parlaments, des Europäischen Gerichtshof und der europäischen Menschenrechtskommission. Straßburg ist unbestritten die wirtschaftliche Hauptstadt des Elsaß. Notre-Dame, eines der schönsten gotischen Münster Europas, beherrscht das ehemalige römische Argentoratum, später Strateburgum genannt, d.h. Stadt der Straßen. Inmitten des Hauptplatzes der Stadt thront die in eine Tricolore gehüllte Statue des Generals Kléber, welche auch seine Asche enthält. An der Nordseite steht das einzige historische Monument des Platzes: die Aubette – 1765 erbaut.

Notre périple photographique commence à Strasbourg, la capitale de l'Alsace. Nous partons ensuite pour Wissembourg au-delà de la forêt de Haguenau et rejoignons Saverne par les confins de l'Alsace-Bossue. Puis nous longeons la route du Vin que nous quittons pour aller en excursion dans les Vosges. Derrière Mulhouse, nous traversons les paysages idylliques du Sundgau jusqu'à la frontière suisse avant de remonter le Rhin vers Breisach où notre voyage s'achève. Strasbourg qui a récemment fêté son bimillénaire, est siège du Conseil de l'Europe, de la Cour européenne des Droits de l'Homme et lieu de réunion du Parlement européen. Elle est aussi la capitale économique incontestée de l'Alsace. Notre-Dame, une des plus belles cathédrales gothiques d'Europe, domine l'ancienne Argentoratum romaine, nommée plus tard Strateburgum – ville des routes. Enveloppée du drapeau tricolore, la statue renfermant les cendres du général Kléber trône au centre de la place principale de la ville. Sur le côté nord, s'élève l'Aubette construite en 1765, le seul monument ancien de la place.

This pictorial journey through Alsace begins in the city of Strasbourg. From there we move to Wissembourg and follow the course of the Wine Route southwards, with a detour into the Vosges. Beyond Mulhouse we visit the charming but little-known district of the Sundgau, ending our tour at the Swiss border. Strasbourg, which recently celebrated its 2000th anniversary, is the home of the European Parliament, the European Court and the European Commission on Human Rights. It is also the unchallenged commercial capital of Alsace. Notre Dame, one of the finest Gothic cathedrals in Europe, dominates the former Roman town of Argentoratum, later named Strateburgum (town of streets). In the main square, wrapped in a tricolor, stands a statue of General Kléber containing his ashes. To the north is the only remaining historical building in the square, the Aubette, dating from 1765.

ANDRE
ANDRE
LA CIVETTE
BONUS

Das Münster wurde ab 1284 von dem Architekten Erwin von Steinbach erbaut. Von den drei Portalen der Westfassade ist das Hauptportal das am reichsten verzierte mit Szenen vom Leben Christi, der Apostel sowie des Alten Testamentes. Die Steindarstellung der Bibel diente den Menschen des Mittelalters die nicht lesen konnten. Die 15 m hohe wunderschöne Fensterrose über dem Hauptportal (um 1340) ist eine Symphonie aus Farbe und Licht. Die Kanzel von Hans Hammer ist ein prächtiges Meisterwerk der Spätgotik.

Le portail central est le plus richement orné des trois portails de la façade ouest de la cathédrale construite par l'architecte Erwin de Steinbach à partir de 1284. Les scènes illustrant la vie du Christ, l'Ancien Testament et les apôtres étaient de véritables livres de pierre pour les hommes illettrés du moyen-âge. Une symphonie de couleurs et de lumière sont les fenêtres de la merveilleuse rosace de quinze mètres de diamètre, (vers 1340) qui surplombe le portail central. La chaire de Hans Hammer est un superbe exemple de gothique flamboyant.

The first architect was Erwin von Steinbach, who started work in 1284. The west front has three doorways, the central one being the most richly ornamented. It illustrates scenes from the Old Testament and from the life of Christ and the Apostles, the Bible illustrated in stone for the benefit of the mass of people in the Middle Ages who could not read. The magnificent rose window of 1340, 15 metres in diameter, is filled with stained glass in a symphony of light and colour. Three masterpieces of medieval sculpture frame the great south doorway.

Silbermann schuf Ende des Mittelalters das figurativ geschmückte Orgelgehäuse. Das Marienportal, auch Uhrenportal genannt, stellt den Sieg der Kirche über die Synagoge dar. Die meisten Portalplastiken sind Kopien. Die Originale befinden sich im Frauenhausmuseum. Der astronomischen Uhr aus dem 14. Jh. wurde um 1840 ein neues Innenleben gegeben. Jeden Tag um 12.30 Uhr drängen sich die Menschen, während die Apostel an Christus vorbeiziehen. Beim Erscheinen von Petrus flattert und kräht der Hahn. Der faszinierende Engelspfeiler mahnt an das Jüngste Gericht.

Le buffet d'orgue, a été créé par Silbermann à la fin du moyen-âge. Le portail de la Vierge, appelé portail de l'Horloge, représente la victoire de l'Eglise sur la Synagogue. La plupart des statues ne sont que des copies, les originaux se trouvant au musée de l'Oeuvre Notre-Dame. L'Horloge Astronomique (16e s.), fut animée d'une vie nouvelle vers 1840. Tous les jours à midi trente les Apôtres défilent devant le Christ tandis que le coq bat des ailes et lance son cocorico au passage de Pierre. Le merveilleux pilier des Anges (vers 1225) représente le Jugement Dernier.

Many of the cathedral's exterior figures are in fact replicas; the originals have been removed to the museum opposite. The mechanism of 14th century astronomical clock was renewed in 1840. Once a day the Apostles appear in procession below the figure of Christ and when Peter appears a clock flutters its wings and crows. Inside the cathedral, the pulpit by Hans Hammer is a masterpiece of Late Gothic and the intricate late medieval organ casing is the work of Silbermann. The fascinating Angel Pillar (south transept) is symbolic of the Last Judgement.

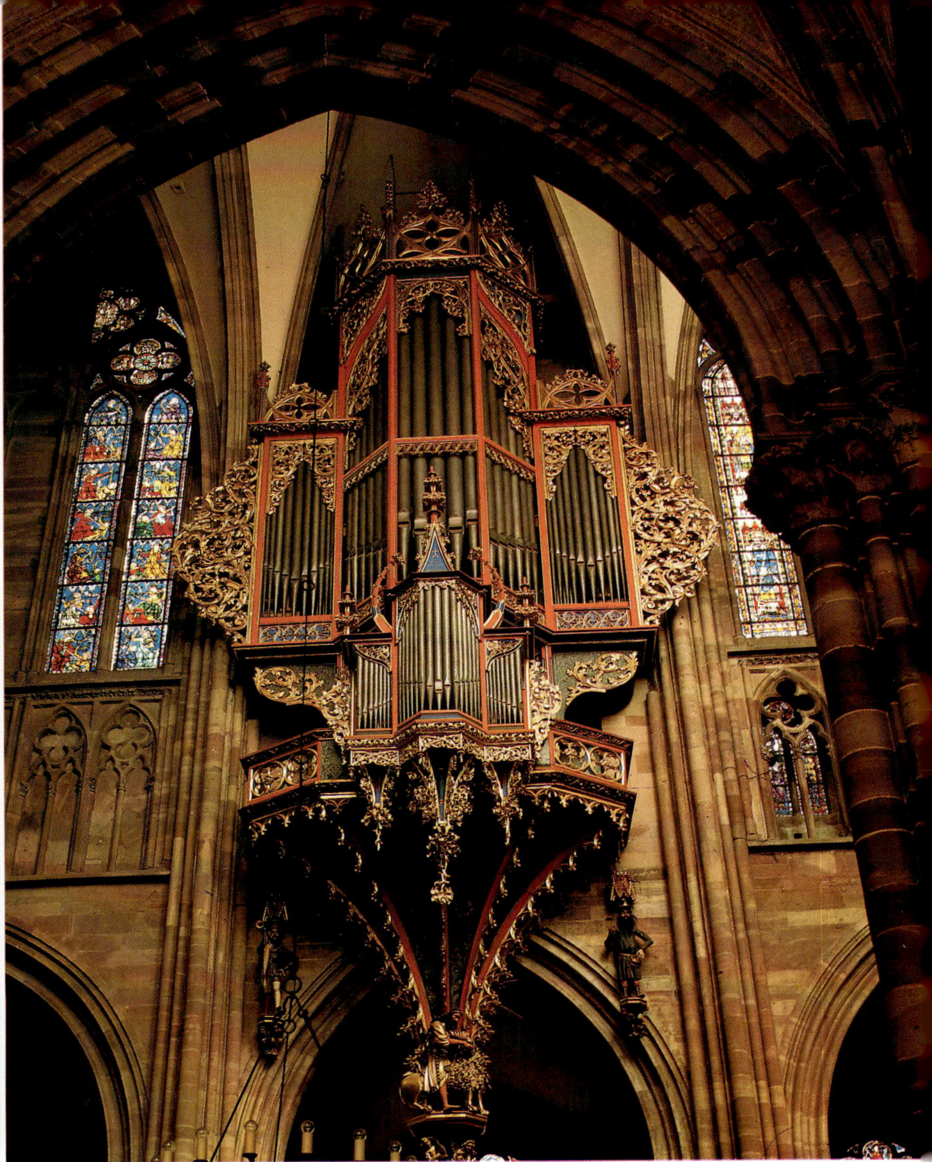

△ Uhr, Südportal/Horloge, Portail du Sud ▽ Astronomische Uhr/L'Horloge Astronomique △ Orgel/Orgue ▽ Engelspfeiler/Pilier des Anges

Schulz

Das wunderschöne Kammerzellhaus von 1467 steht am Place de la Cathédrale. Im Laufe der Jahrhunderte wurde es immer wieder von seinen Besitzern verschönert und ist nach einem Lebensmittelhändler, der im 19. Jh. darin wohnte, benannt. Im malerischen Viertel Klein-Frankreich steht das Gerberhaus (Maison de Tanneur). Ganz in der Nähe die Bedeckten Brücken, die heute Fußgängerzone sind und diesen Namen erhielten, obwohl sie seit dem 18. Jh. keine Dächer mehr haben. Die vier Türme, die sie überragen, sind Überreste der Stadtbefestigung des 14 Jh.

Située sur la place de la Cathédrale, la magnifique maison Kammerzell de 1467 n'a cessé d'être embellie par ses propriétaires successifs au cours des siècles et doit son nom à l'un d'eux, épicier de son état, qui y vécut au 19e s. La maison des Tanneurs avec ses galeries en bois est une des plus jolies demeures à colombages du quartier pittoresque de La Petite France. Tout près, les Ponts-Couverts sont aujourd'hui une zone piétonnière. Ils ont gardé leur nom malgré la disparition de leur toiture au 18e siècle. Les quatre tours qui les dominent sont les vestiges d'anciens remparts du 14e siècle.

Near the Minster stands Maison Kammerzell, with an amazingly ornate and intricately carved facade. It is named after a tradesman who lived there in the 19th century. – The fine Maison de Tanneurs with its wooden galleries is one of the most handsome half-timbered houses in Petite-France, the oldest and most picturesque district of Strasbourg. Nearby are the Ponts-Couverts, now a pedestrian zone. In spite of their name, the bridges have not been covered since the 18th century. Above them can be seen four square capped towers, remains of the 14th century town walls.

Wissembourg liegt ganz im Norden des Elsaß, nahe der deutschen Grenze. Die malerischen Häuser spiegeln sich in einem Flußarm der Lauter wieder, die in den Nordvogesen entspringt und sich in Wissembourg verzweigt. Die fesselnde historische Stadt hat viele Erinnerungen an die Vergangenheit bewahrt. Das Schloß „Petite-Pierre" ist heute Verwaltungsitz des Naturparks der Nordvogesen. Wegen seiner strategischen Lage wurde es oft umgebaut, unter anderem von Vauban, der Ingenieur und Marschall von Ludwig XIV war.

Wissembourg dont le nom signifie »château blanc« est située tout au nord de l'Alsace, près de la frontière allemande. Les maisons pittoresques se mirent dans un des bras de la Lauter qui vient des Basses-Vosges et se ramifie dans la ville. Cette cité historique passionnante a conservé de nombreux souvenirs de son passé. Le château de la Petite-Pierre, en Alsace-Bossue, abrite aujourd'hui le siège du parc naturel des Vosges du Nord. Sa situation stratégique lui valut d'être souvent remanié, entre autre par Vauban, l'architecte militaire de Louis XIV.

Wissembourg is in the far north of Alsace, near the German border. The attractive houses are reflected in one of the branches of the Lauter river, which rises in the northern Vosges and divides into several courses at Wissembourg. This fascinating historical town has retained many reminders of its past. – The palace of Petite-Pierre is today the administrative centre of the North Vosges National park. Petite-Pierre, set in an important strategic position, has often been rebuilt, among others by Vauban, Louis XIV's renowned military engineer.

Betschdorf – im Hagenauwald – ist das Dorf des blaugrauen Steinguts im Elsaß. Das Steingut wird in 10 Töpfereien hergestellt. Seit Töpfer aus dem Rheinland sich hier ansiedelten, haben sich die Methoden nicht geändert. Ton und Holz bietet der Haguenauforst. Die Ware wird heute noch auf der Drehscheibe von Hand geformt. Das Dekor wird eingeritzt und abschließend kobaltblau bemalt. Zuletzt wird es gebrannt und erhält bei 1250 Grad C die typische Salzglasur. Das Töpferei-Museum birgt interessante Sammlungen aus den verschiedenen Regionen des Elsaß.

Betschdorf, dans l'Outre-Forêt, est le village du grès gris et bleu d'Alsace. Les poteries sont fabriquées dans une dizaine d'ateliers, petites entreprises artisanales à caractère familial. Les méthodes n'ont pas changé depuis que des potiers venus de Rhénanie vinrent s'installer dans le village. L'argile et le bois proviennent de la forêt de Haguenau. Les pièces tournées à la main sont décorées après séchage avec du bleu de cobalt et gravées au stylet. En fin de cuisson, à 1250 degrés, elles sont vernies au sel. Le musée de la Poterie abrite de belles collections de différentes poteries alsaciennes.

This traditional grey and blue Alsatian stoneware comes from Betschdorf, in the Haguenau forest. There are 10 potteries here, all family businesses, using techniques that have not changed since potters from the Rhineland settled here centuries ago. The craftsmen use clay and wood from the nearby forest and each article is hand-made on a potter's wheel, after which a pattern is scratched in and stained cobalt blue. The pots are fired and salt-glazed at a temperature of 1,250 C. Betschdorf's pottery museum contains examples of stoneware from various regions of Alsace.

Früher war die berühmte „Zaberner Steige" Verbindungsstelle zwischen Frankreich und Deutschland. Von dort rief Ludwig XIV: „Welch schöner Garten". Die historische Stadt mit ihren 12000 Einwohnern ist das Tor zum Elsaß. Außer dem prächtigen Rohan-Schloß – „Versailles des Elsaß" –, einer im Inneren reich geschmückten Pfarrkirche und einem gotischen Kloster besitzt sie wunderschöne alte Fachwerkhäuser. Auf der Hauptstraße sind noch mehrere Häuser aus dem 17. Jh., die das Neo-Renaissance-Rathaus umrahmen.

Autrefois, c'est par le fameux débouché de Saverne que se faisaient les relations de la France avec l'Allemagne. Et c'est de ses hauteurs que Louis XIV s'exclama: »Quel beau jardin!«. La ville historique de 12000 habitants est la porte de l'Alsace. Outre le superbe château des Rohan »le Versailles alsacien«, une église paroissiale à l'intérieur très riche et un cloître de style gothique, elle a conservé d'admirables demeures anciennes de son passé. Dans la Grand-Rue piétonne, se dressent plusieurs maisons du l7e siècle qui entourent l'Hôtel de Ville de style néo-Renaissance.

The famous „Saverne ascent" was once a crucially important route connecting France and Germany. It was from these heights that Louis XIV looked over Alsace and described it as a "splendid garden". Saverne, a historic town of 12,000 inhabitants, is the gateway to Alsace. Besides the superb Palais Rohan, known as the Versailles of Alsace, there is a parish church with a richly-decorated interior, Gothic cloisters in the old Franciscan church and splendid old half-timbered houses. The neo-Renaissance town hall is surrounded by a number of handsome 17th century residences.

Hoch über dem Zorntal gelegen, liegt die Burg – einst das Auge des Elsaß genannt. Sie wurde im 12. Jh. auf drei 30 Meter hohe Felsen gebaut, von denen zwei durch eine Fußgängerbrücke – die Teufelsbrücke – verbunden sind. Sie beherbergte die Weingilde „de la Corne", gegründet von dem Straßburger Bischof Jean von Manderscheidt. Um aufgenommen zu werden, mußten die Anwärter ein mit drei Liter gutem elßäsischem Wein gefülltes Horn in einem Zug leeren. Die lateinische Inschrift über dem Hauptportal lobt den jovialen Bischof.

Le château-fort du Haut-Barr, jadis surnommé »l'oeil d'Alsace« domine la vallée de la Zorn. Il fut construit au 12e siècle sur une crête formée de trois rochers hauts de trente mètres dont deux sont reliés par une passerelle appelée le pont du Diable. Il abritait la confrérie vineuse de la Corne fondée par l'évêque de Strasbourg Jean de Manderscheidt dont les postulants devaient vider une corne remplie de trois litres de bon vin d'Alsace. L'inscription latine au dessus de la porte d'entrée datée de 1583 loue l'évêque jovial.

High above the Zorn valley stands Haut-Barr castle, the "Eye of Alsace". It was built in the 12th century on three pinnacles, two of which are connected by the "Devil's Bridge". The "Weingilde de la Corne" was founded here by Jean de Manderscheid, Bishop of Strasbourg; aspiring members had to drain a horn containing three litres of good Alsatian wine at one go. The inscription over the main doorway pays tribute to the jovial bishop.

Südlich von Saverne liegt das Benediktiner-Kloster Marmoutier, das im 8. Jh. vom Abt Maurus, der dem Dorf seinen Namen gab, gegründet wurde. Moutier ist das altfranzösische Wort für Kloster. Die strenge Fassade der Kirche ist ein Wunderwerk der romanischen Baukunst. Sie wird aufgelockert durch Reliefs mit Köpfen, Masken, Löwen und einem Kuchen fressenden Bären. Das Kirchenschiff ist aus dem 13. Jh. und der Altar aus dem 18. Jh. Die Silbermannorgel aus dem 17. Jh., wurde in den 50er Jahren sehr gut restauriert, und dient heute immer noch für Konzerte.

Au sud de Saverne, l'abbaye bénédictine de Marmoutier aurait été fondée au 8e siècle, par l'abbé Maurus qui a donné son nom au village. Moutier signifie couvent en vieux français. La façade très sobre de l'église est une merveille d'art roman. Quelques sculptures disséminées sans ordre apparent représentent des têtes, des masques, des lions et un ours dévorant un gâteau. La nef est du 13e et le chœur du 18e siècle. Les orgues de Silbermann datent de 1710. Très bien restaurées dans les années cinquante, elles permettent de donner encore aujourd'hui des concerts.

South of Saverne stands the Benedictine monastery of Marmoutier, founded by Abbot Maurus who gave his name to the village in the 8th century. Moutier, an old French word, means cloister. The austere facade of the church is a wonder of Romanesque architecture, broken up by reliefs of heads, masks, lions and a bear eating a cake. The altar is 18th century but the nave itself is 500 years older. The superb Silbermann organ has been restored and today is used for organ concerts.

Mit seiner alten Stadtmauer ist Molsheim das Tor zum Breuschtal. Der erste Ort der Weinstraße ist für seine zwei Weine „Brudertal" und „Kinkenberger" berühmt. Bis vor kurzem befand sich hier noch das Zentrum des Bugatti-Automobilwerks. Die Metzig, ein prachtvolles Renaissancegebäude, das 1554 von der Metzgerzunft erbaut wurde, ist das heutige Rathaus. Der mit einem Löwen geschmückte Brunnen trägt das Stadtwappen mit dem heiligen Georg, Schutzpatron der Stadt, der an die Speichen eines Folterrades gekettet ist.

Située au débouché de la vallée de la Bruche, Molsheim, enserrée dans ses anciens remparts, est la première localité de la Route du Vin et célèbre pour grands deux crus: le Brudertal et le Kinkenberger. La petite cité médiévale était le coeur des automobiles Bugatti. La Metzig, admirable édifice Renaissance, construite par la corporation des Bouchers en 1554 (Metzger signifie boucher en allemand) est aujourd'hui l'Hôtel de Ville. Devant, la fontaine décorée d'un lion porte les armes de la ville: une roue de torture avec Saint-Georges, son patron, enchaîné aux rayons.

Molsheim, at the entrance to the Breusch valley, is a pretty medieval town still surrounded by its ancient defensive walls. This is where the Wine Route starts, and Molsheim is also the home of two of Alsace's best-known wines or „Crus": Brudertal and Kinkenberger. Until recently Bugatti cars had their main factory here. The Metzig, a superb Renaissance building built in 1554 for the butcher's guild, now serves as a town hall. The lion above the fountain bears Molsheim's coat of arms, on which St George can be seen chained to a wheel.

Die Hauptstraße der Stadt Rosheim führt durch die mittelalterlichen Tore. Der „Zittglökkel" wird auch Uhrturm genannt. Der gotische Octogon-Glockenturm gehört zur schönen romanischen dreischiffigen St.-Peter-und-Paul-Kirche, die zwischen 1132 und 1190 von den Hohenstauffen erbaut wurde. Das Nachbardorf Boersch hat noch einen mittelalterlichen Stadtmauerring mit drei gut erhaltenen Toren und einem Renaissancebrunnen, der genauso großartig ist wie der Sechs-Eimer-Brunnen von Rosheim.

Des portes fortifiées, vestiges de ses remparts médiévaux, enjambent la rue principale de Rosheim, ancienne ville de la Décapole. Celle du Zittgloeckel est aussi appelée tour de l'horloge. Le clocher octogonal de style gothique appartient à la très belle basilique romane à trois nefs Saints-Pierre-et-Paul construite par les Hohenstaufen entre 1132 et 1190. Le village voisin de Boersch, encore entouré de son ancienne enceinte, possède aussi trois portes bien conservées et un puits Renaissance aussi superbe que le puits à six seaux de Rosheim.

Rosheim was once a leading town of the Alsatian League, or Decapole. The long main street with its attractive houses passes beneath the imposing towers of the old town walls. The Gothic octagonal tower belongs to the Romanesque church of St Peter and St Paul, which has three naves. It was built between 1132 and 1190. – Not far from Rosheim, all the delightful characteristics of Alsatian villages are to be found in Boersch. There are three well-preserved gateways in the ancient walls, and in the centre of the picturesque town square stands a fine Renaissance fountain.

Die Türme von Obernai grüßen den Besucher mit der neogotischen St. Peter-und-Paul-Kirche (Ende 19. Jh.) und dem 70 Meter hohen Kappelturm, der ehemals Glockenturm einer mittelalterlichen Kirche war, die heute nicht mehr existiert. Die Geburtsstadt der Heiligen Odilia hat ihren mittelalterlichen Renaissance-Charakter erhalten. Ihre schönsten Monumente säumen den Marktplatz mit dem Rathaus von 1462, dem alten Kornhaus von 1554, das heute ein Museum ist und einem prachtvollen Renaissance-Brunnen.

Les tours d'Obernai accueillent les visiteurs. Celles de l'église néo-gothique Saints Pierre-et-Paul datant de la fin du 19e siècle et celle du beffroi ou Kappelturm, haut de 70 mètres qui est l'ancien clocher d'une église médiévale aujourd'hui disparue. La ville natale de Sainte Odile a très bien conservé son cadre ancien du moyen-âge et de la Renaissance. Ses plus beaux monuments sont regroupés autour de la place du Marché: l'Hôtel de Ville de 1462, la Halle aux blés transformée en musée, un admirable puits Renaissance.

From afar the most striking features of Obernai are its distinctive towers, the spires of the 19th century neo-Gothic church of St Peter and St Paul and the 70 metre high Tour de la Chapelle, the bell tower of a medieval church that no longer exists. The birthplace of St Odile has retained its medieval and Renaissance character. The most attractive buildings may be found in the market-place, among them the town hall of 1462, the corn hall of 1554, now a museum, and a splendid Renaissance fountain.

Der Vogesenkamm in der Ferne, eine Symphonie aus schillerndem und zartem Grün. Eine bezaubernde Landschaft umrahmt den Odilienberg (762 m). Der heilige Berg des Elsaß erzählt 6000 Jahre Geschichte. Spuren von Ansiedlungen aus der Zeit von 4000 v. Chr. wurden dort entdeckt. War die „Mur païen" (Heidenmauer), die vor 1000 v.Chr. stammen könnte, ein strategischer Befestigungsgürtel oder umgab sie eine religiöse Stätte? Die 10 km lange Mauer ist aus 1,20 bis 2 m dicken und 2 bis 3 m hohen Granitsteinen gebaut, die mit Eichenholzkeilen zusammengefügt sind.

La crête des Vosges dans le lointain, une symphonie de verts crus et tendres ... Un paysage magnifique entoure le mont Sainte Odile, (762m). La »montagne sacrée« des Alsaciens a six mille années d'histoire à raconter. Des traces d'habitations datant de 4000 avant Jésus-Christ ont été relevées à cet endroit. Le Mur païen qui daterait de l'an mille avant J.-C. était-il enceinte stratégique ou enclos religieux? Il mesure 10 km de longueur, est formé de blocs de granit de 1,20 à 2 mètres d'épaisseur et de 2 à 3 mètres de hauteur, soudés entre eux par des tenons en bois.

The landscape around Mont-St-Odile is of breathtaking beauty, a palette of shimmering, delicate green against the backdrop of the distant Vosges. The history of Mont-St-Odile, the holy mountain of Alsace, goes back 6,000 years and traces of settlements earlier than 4000 B. C. have been found. Maybe we shall never solve the mystery of the 10-kilometre-long Mur Païen. Apparently dating from 1000 B.C., it consists of granite blocks, each one up to 2 metres thick and up to 3 metres high, secured with oak wedges. Was it a fortification or did it encircle some sacred site?

Im 7. Jh. gründete der elsässische Herzog Eticho ein Kloster, dessen erste Äbtissin seine Tochter Odilia war. Berühmt für ihre Wundertaten – sie heilte mehrere Blinde – wurde sie von dem elsässischen Papst Leo IX im 11. Jh. heilig gesprochen. Im 12. Jh. erfuhr das Kloster seine Blütezeit unter der Äbtissin Herrad von Landsberg, die eine illustrierte Enzyklopädie verfaßte. Nach Plünderungen, Zerstörungen und einer Feuersbrunst 1546 verließen die übrigen Schwestern das Kloster, das von dem Praemonstratenser-Orden im 18. und 19 Jh. in seiner heutigen Gestalt wieder aufgebaut wurde.

Au 7e siècle, Etichon, duc d'Alsace, fonda un monastère dont la première abbesse fut sa fille Odile. Célèbre pour ses miracles – elle guérit plusieurs aveugles – Odile fut canonisée au 11e siècle par le pape alsacien Léon IX. Au 12e siècle, le couvent connut son apogée sous l'abbesse Herrade de Landsberg qui rédigea une encyclopédie illustrée destinée aux moniales. Après des pillages, des ravages et un dernier incendie en 1546, les dernières nonnes quittèrent le couvent et furent remplacées par l'ordre des Prémontrés qui le reconstruisit aux 17e et 18e siècle dans sa forme actuelle.

In the 7th century Duke Etichon founded a convent and made his daughter Odile its first abbess. Famous for her miracles – she healed the blind – Odile was canonized in the 11th century by Pope Leo IX. The convent's heyday came in the 12th century under Abbess Herrad, who produced an illustrated encyclopedia with and for her nuns. The convent suffered looting and destruction and the last nuns left after a fire in 1546. The Premonstratensian order rebuilt the abbey in its present form during the 18th and 19th centuries.

CARITAS EST ET QVI
IN CARITATE, IN DEO
ET DEVS IN EO. JOH
ESTOTE PERFECTI SIC
PATER VESTER
PERFECTVS EST
SACERDOS REX ET CRVX LVX
+SANCTVS LEO
+SANCTA EVGENIA
LEO NONVS
PAPA
SECVNDA HOHEN
ABBATISSA BVRGENSIS

Auf der Klosterterrasse steht eine Sonnenuhr aus dem 17. Jh. mit einer lateinischen Inschrift, die in Deutsch lautet: „Du siehst, wie der Schatten, der sich bewegt, uns die Zeit angibt, ein Schatten belehrt den anderen Schatten, denn wir sind Staub und Schatten". Die zwei restaurierten romanischen Kapellen, die Engels- und die Tränenkapelle, sind mit Mosaiken geschmückt, die F. Danis 1930 und 1947 geschaffen hat. Der Sage nach wurde die Tränenkapelle auf einem von Odilias Tränen ausgehöhlten Stein erbaut. Dort betete die Heilige um das Seelenheil ihres Vaters.

Sur la terrasse du couvent, on peut voir un cadran solaire du 17e siècle avec une inscription en latin: »Tu vois comment l'ombre en fuyant indique nos heures; une ombre régit les ombres, nous ne sommes que poussière et ombre«. Les deux chapelles romanes restaurées, la chapelle des Anges et la chapelle des Larmes sont ornées de mosaïques réalisées respectivement en 1930 et 1947 par F. Danis. Selon la légende, la chapelle des Larmes aurait été construite à l'endroit où Sainte Odile aurait creusé une pierre de ses larmes en priant et pleurant pour le salut de son père.

On the terrace stands a 17th century sundial whose Latin inscription reads: "You see the moving shadow tell the time; one shadow instructs another, for we are of dust and shadows". The two restored Romanesque chapels, the Chapel of tears and Chapel of Angels, are decorated with modern gold mosaics. According to legend the Chapel of Tears was founded on a stone hollowed out by St.Odile's falling tears as she was praying for the salvation of her wicked father's soul.

Itterswiller, an einen Hang zwischen Andlau und Sélestat geschmiegt, ist eines der schönstgelegenen Dörfer an der Weinstraße. Geht man zur Kirche hinauf, bietet sich eine herrliche Aussicht auf das kleine in Weingärten eingebettete Andlautal. Malerische Fachwerkhäuser mit rot oder gelb bemalten Fassaden säumen die Straßen des Dorfes, dessen Ursprünge auf die Römerzeit zurückgehen. Im gediegenen Hotel-Restaurant Arnold (Foto) werden die Gäste mit elsässischen Spezialitäten verwöhnt.

Entre Andlau et Sélestat, Itterswiller qui s'accroche à flanc de colline, est un des villages les mieux situés sur la route du Vin. Si l'on monte près de l'église, on découvrira un panorama magnifique sur la petite vallée d'Andlau nichée au milieu des vignobles. De nombreuses demeures à pans de bois aux façades jaunes et rouges bordent les rues pittoresques du village qui existait déjà à l'époque romaine. L'une des plus jolies maisons est l'hôtel-restaurant Arnold (photographie) où l'on peut déguster de délicieuses spécialités alsaciennes.

Itterswiller which is located on a hillside between Andlau and Sélestat, is one of the best-situated villages on the Wine route. If we go up to the church, we discover a marvellous view of the small Andlau-valley surrounded by a sea of vineyards. Picturesque half-timbered dwellings with red or yellow painted fronts line the streets of the village which dates back to Roman times. One of the prettiest houses is the hotel-restaurant Arnold (picture) where the visitor can enjoy typical alsatian food.

Inmitten von Weinbergen gelegen, überragt der romanische Turm der Sebastian-Kapelle das mittelalterliche Dambach-la-Ville. Die Kirche birgt einen gotischen Chor und einen wunderschönen barocken Hochaltar. Über dem Eingang des aus dem 16. Jh. stammenden Beinhauses – in dem angeblich die Überreste der Toten aus dem Bauernkrieg gesammelt sind – liest man den Spruch: „Was ihr seid, sind wir gewesen. Was wir sind, werdet ihr werden." Dambach ist der größte Weinbauort des Unterelsaß.

Au milieu des vignobles, la chapelle Saint-Sébastien domine Dambach-la-Ville de son clocher roman. Elle abrite un choeur gothique et un magnifique autel baroque de la fin du 17e siècle. L'ossuaire du 16e siècle, provenant peut-être de la guerre des Rustauds porte l'inscription: »Nous fûmes ce que vous êtes, vous deviendrez ce que nous sommes«. La localité médiévale de Dambach-la-Ville est la plus importante commune viticole du Bas-Rhin.

In rolling vineyard country above the village of Dambach-la-Ville stands the Romanesque tower of St Sebastien. The church has a Gothic chancel and a lovely Baroque high altar. Over the entrance to the 16th century charnel-house – in which they say are kept the bones of the dead from the Peasant's War – there is a gloomy inscription: "What you are, we were. What we are, you shall be." Dambach is worth a visit for its excellent wine and its well-preserved historical monuments.

Dambach wird von Tannenbach abgeleitet. Früher gehörte es den Herren von Bernstein oder Bärenstein, Verwandte der heiligen Odilia und des elsässischen Papstes Leo IX. Beide Namen finden sich im Wappen der Stadt wieder, dargestellt durch einen Bären, der sich gegen eine Tanne lehnt. Den Brunnen vor dem Renaissance-Rathaus schmückt auch ein steinerner Bär, der zwischen seinen Tatzen einen Weinkrug hält.

A l'origine, Dambach était la propriété des seigneurs du Bernstein, parente de Sainte Odile et du pape Léon IX. Les noms de Bernstein ou Bärenstein (Bär signifie ours en allemand) et de Dambach (dérivé de Tannenbach – lieu planté de sapins) expliquent les armoiries de la cité: un ours qui s'appuie de deux pattes sur un sapin. Ce même ours tenant un pichet de vin surmont la fontaine qui se dresse devant l'hôtel de ville de style Renaissance.

The name Dambach is derived from a German word meaning fir woods. In the Middle Ages Dambach was ruled by the Lords of Bernstein or Bärenstein (Bären = bear), who were related both to Pope Leo IX (a native of Alsace) and to St Odile. The Bernstein family is commemorated in the name of the castle ruins which stands above the town and also in the town's coat of arms, which shows a bear leaning against a fir tree. On the fountain in front of the Renaissance town hall there can be found yet another figure of the bear carved in stone and holding a wine flagon between its paws.

Das ehemalige Benediktinerkloster, gegründet im 7. Jh. von Eticho, dem Vater der Heiligen Odilia, wurde im 18. Jh. wiederaufgebaut. Die barocke Kirche mit drei Zwiebeltürmen ist ein Werk des österreichischen Architekten Peter Thumb. Der Innenraum beherbergt eine üppige Ausstattung, u. a. eine Orgel von Silbermann (1730), die heute noch immer für Konzerte dient. Die Altstadt von Sélestat ist reich an malerischen Häusern und besitzt zwei Kirchen: die romanische Stiftskirche St. Fides und die Georgskirche (13.-15. Jh. gebaut), die die Entwicklung des gotischen Stils veranschaulichen.

Fondée au 7e siècle par Etichon, père de Ste. Odile, l'abbaya bénédictine a été entièrement reconstruite au 18e siècle. L'église baroque, aux trois clochers à bulbe, est l'oeuvre de l'architecte autrichien Peter Thumb. L'intérieur comprend un mobilier très beau dont des orgues d'André Silbermann (1730) qui servent encore à des concerts. Sélestat qui signifie ville des marais a une vieille ville riche en maisons pittoresques et abrite deux très belles églises: l'église Sainte Foy de style roman et l'église Saint-Georges construite du 13e au 15e siècle qui illustre l'évolution du style gothique.

The 7th century Benedictine monastery, founded by Etichon, father of St. Odile, was completely rebuilt in the 18th century. The Baroque church with its three onion towers is by the eminent Austrian architect Peter Thumb. The atmosphere of the interior is light and exuberant; the Silbermann organ (1730) is still used for concerts. The old part of Sélestat is rich in picturesque houses and has two handsome churches: St. Fides, a Romanesque collegiate church, and St. George, whose architecture clearly illustrates the development of the Gothic style.

Kaiser Wilhelm II wollte die Hochkönigsburg, die die Stadt Sélestat ihm aus Loyalität geschenkt hatte, als Feudalburg wiedererrichten. Der Architekt Bodo Ebhardt führte die Restaurierung in einer Rekordzeit von 1902 bis 1908 durch. Das beeindruckende Gebäude (270 m lang, 55 m breit) bietet alles, was man von einem Märchenschloß erwartet: massive Befestigungen, Tore, eine Fallbrücke, Burgfried, Bärengraben, Türme sowie Waffen- und Rittersäle. Das Wappen des Geschlechts Tierstein thront über dem Haupteingangstor.

L'empereur Guillaume voulait un vrai château féodal quand il fit reconstruire le Haut-Koenigsbourg que Sélestat lui avait offert en hommage de sa fidélité. L'architecte Bodo Ebhardt effectua les restaurations en un temps record: de 1902 à 1908. L'édifice impressionnant (270m de long pour 55 de large) comprend tout ce qu'on attend d'un château de contes de fées: des enceintes trouées de portes, un pont-levis, un donjon, des tours, des remparts, une fosse aux ours, une salle d'armes et une salle des chevaliers. L'entrée principale est surmontée des armoiries des Thierstein.

When the citizens of Sélestat presented Haut-Koenigsburg to Kaiser Wilhelm II, grandson of Queen Victoria, he commissioned the architect Bodo Ebhardt to make a replica of a feudal castle. Restoration was finished in record time (1902-1908). The result was an impressive building 270 metres long, the epitome of the classic fairy-tale castle, with solid walls, great gateways, a drawbridge and keep, a bear pit, towers, an armoury and a Great Hall. The coat of arms of the Tierstein family hangs over the main entrance.

und WILHELM II DEUTSCHER KAISER und KÖNIG v. PREUSSEN
CAROLUS·V·IMPERATOR

Die mächtige Silhouette der Hochkönigsburg ragt über dem ehemaligen Wallfahrtsort Saint-Hippolyte. Das malerische Städtchen im Weinbaugebiet des Oberelsaß verdankt seinen Namen den Relikten des heiligen Hippolyte, die der Abt Fulrad im 18. Jh. aus Rom zurückbrachte. Bereits im Mittelalter war es für seinen Rotwein bekannt. Das Sainte-Marie-Kolleg wurde 1718 wiederaufgebaut. Die Kirche aus dem 14./15. Jh. besitzt eine Fassade und einen Glockenturm aus dem 18. Jh. Beim Flanieren entdeckt man zahlreiche gotische und Renaissancehäuser sowie Reste der ehemaligen Wehrmauer.

La masse imposante du Haut-Koenigsbourg surplombe Saint-Hippolyte qui doit son nom aux reliques de ce saint rapportées de Rome au 8e siècle par l'abbé Fulrade. La localité dans le vignoble haut-rhinois était déjà connue pour son vin rouge au moyen-âge. Le Collège Saint-Marie, ancien château des ducs de Lorraine reconstruit en 1718, domine la ville. L'église des 14 et 15e siècles a une façade et un clocher du 18e siècle. En flânant, on découvrira de nombreuses maisons de style gothique et Renaissance et des vestiges de fortifications médiévales.

The vast silhouette of Haut-Koenigsburg towers over St Hippolyte, named after the relics of the saint brought back from Rome by Abbot Fulrad in the 8th century. St Hippolyte, set among the vineyards of Upper Alsace, was famed for its red wine even in the Middle Ages. In the background, dominating the village, is the college of St Marie, once a castle of the Dukes of Lorraine, rebuilt in 1718. The church is medieval with a later facade and bell tower. A stroll through the town will reveal numerous Gothic and Renaissance houses and the remains of the old town wall.

Der Wein „Pinot Noir" ist die Spezialität von Rodern. Die Störche, Glücksbringer der Elsässer, werden immer seltener in dieser Region. Im Kintzheimer Zentrum für Wiedereingewöhnung versucht man, ihren Wanderinstinkt durch umfriedete Volieren auszuschalten, so daß sie sich in Gefangenschaft vermehren. Sobald die Jungen flügge sind, werden sie in die Freiheit entlassen, um zu nisten. Das Männchen baut aus Zweigen, Weinreben und Erde ein Nest, das mehr als 500 kg schwer und breiter als 2 m sein kann. Das Weibchen legt 3 bis 6 Eier, die es in 33 Tagen ausbrütet.

Le Pinot noir est la spécialité du village de Rodern. Les cigognes, oiseaux porte-bonheur des Alsaciens, se font de plus en plus rares dans la région. Au centre de réintroduction de Kintzheim, on essaie d'éliminer leur instinct migrateur par la technique des enclos qui consiste à obtenir une reproduction en captivité. Les jeunes, mis en liberté à leur maturité, nichent dans les villages voisins. Un nid, construit par le mâle en branchages, serments de vignes et terre peut peser plus de 500 kg et avoir deux mètres de diamètre. La femelle pond de 3 à 6 oeufs qu'elle couve durant 33 jours.

The Pinot Noir grape is the speciality of Rodern, which lies at the foot of Haut-Koenigsburg. Storks, regarded as the bringers of luck in Alsace, are becoming increasingly rare in this region. In the stork resettlement centre in Kintzheim the birds are kept in a vast aviary to prevent them from migrating. The storks are thus encouraged to breeed in captivity and the offspring are then set free so that they can nest in the wild. The stork builds a nest of twigs, vinewood and earth which can be up to 2 metres wide and weigh more than 500 kg. The female lays between 3 and 6 eggs which take 33 days to hatch.

Der inmitten von Weinbergen gelegene Ort sieht typisch mittelalterlich aus. In der Tat hat die Stadt fast ihre gesamte Stadtmauer und mehrere Flankierungstürme bewahrt. Durch das Obertor (14. Jh.) gelangt man zur Hauptstraße (Foto rechts). Die Linde vor dem befestigten Tor soll aus dem Jahr 1300 stammen. Die Kirche (14. Jh.) birgt Wandgemälde mit der Darstellung von Christus auf dem Olivenberg und St.Georg zu Pferd sowie schöne Holzstatuen von St. Joachim und der Hl. Anna (15. Jh.). Neben der Kirche wurde Mitte des 16. Jh. das ehemalige Hospital erbaut.

Nichée au milieu des vignobles, Bergheim présente une physionomie typiquement médiévale. La cité a en effet conservé la quasi-totalité de son enceinte moyenâgeuse et plusieurs tours de flanquement. La Porte Haute du 14e siècle donne accès à la rue principale. Le tilleul qui se dresse devant la porte fortifiée daterait de 1300. L'église du 14e siècle renferme des peintures murales du 15e s. représentant le Christ au Mont des Oliviers et Saint Georges à cheval ainsi que de belles statues en bois de Saint Joachim et de Sainte Anne, également du 15e s. A côté de l'église, l'ancien hôpital date du milieu du 16e siècle.

Set among vineyards in the foothills of the Vosges, Bergheim looks strikingly medieval, a place where time seems to have stood still. Indeed, the town has retained most of its medieval walls flanked by stately towers. Beside the 14th century Haute Porte gateway which leads into the main street (photo right) there stands an ancient lime tree said to date from 1300. The 14th century church is of interest for its 15th century wall paintings portraying Christ on the Mount of Olives and St George on horseback, and for its wooden figures of St Joachim and St Anne of the same period.

1300

Die Lievprette, die bei Brezouad in den Hochvogesen entspringt, fließt schwungvoll durch Wälder und Weinberge und schlängelt sich hinter Sélestat in das ehemals sumpfige Ried. Das Elsaß ist reich an Bächen und Flüssen, die nicht nur schöne Bilder bieten, sondern auch zur Fruchtbarkeit des Bodens beitragen. Es hat auch ein weitreichendes phreatisches Grundwasser von ungefähr 40 Milliarden Kubikmetern und mehrere angeschwemmte Grundwasserflächen.

La Lievprette qui prend sa source près du Brézouad dans les hautes Vosges, coule fougueusement à travers des paysages de forêts, de vignobles et continue sa course derrière Sélestat dans l'ancienne région marécageuse du Ried. L'Alsace est une région riche en ruisseaux et rivières qui n'offrent pas seulement des images ravissantes, mais contribuent à la fécondité du sol. Elle a également une nappe phréatique très étendue évaluée à quarante milliards de mètres cubes d'eau et plusieurs nappes alluviales.

The Lievprette river, which rises near Brezouad in the High Vosges, flows briskly through pleasant countryside of woods and vineyards and finally meanders past Séléstat into the Ried, once an area of lonely marshlands but nowadays largely drained for use as agricultural land. Alsace is blessed with exceptionally attractive scenery, for as a region it is rich in rivers and streams and in general the soil is very fertile. There are about 40 billion cubic litres of ground water and extensive water resources below the flood plains.

Die Ruinen von drei Schlössern – Girsberg, Ulrichsburg und Hochrappoltstein – überragen die malerische Stadt. Der Weinbauort auf der oberelsässischen Weinstraße wurde unter dem Namen Ratbaldovillare – Villa von Ratbold – zum erstenmal im Jahre 768 in einem Dokument erwähnt. Ratbold bedeutete „der Kühne des Rates". Wie die Nachbarstadt Reichenweier, ist die Stadt während des Zweiten Weltkrieges verschont worden und hat ihr ursprüngliches Gesicht behalten.

Les ruines de trois châteaux, le Girsberg, le Saint-Ulrich et le Haut-Ribeaupierre dominent la ville pittoresque de Ribeauvillé. La cité viticole sur la route du vignoble haut-rhinois est une ville ancienne mentionnée pour la première fois dans un document datant de 768 sous le nom de Ratbaldovillare qui voulait dire villa de Ratbold. Ratbold signifie en allemand der Kühne des Rates (le plus hardi du conseil). Comme sa voisine Riquewihr, la ville n'a pas été touchée durant la dernière guerre et a conservé sa physionomie d'autrefois.

Dominating this picturesque town are the ruins of three ancient castles St Ulrich, Guirsberg and Haut-Ribeaupierre. Ribeauvillé, on the Wine Route of Upper Alsace, was first recorded in 768 A. D. as Ratbaldovillare, Ratbold's villa. Ratbold means bold councillor. Like the neighbouring town of Riquewihr, the town has changed little over the centuries, and was mercifully spared destruction in the Second World War.

Das Mittelalter war Ribeauvillés große architektonische Zeit, wovon der mit der Befestigung im 13. Jh. zusammen gebaute Metzgerturm, die Pfarrkirche (1282-1473) und die spätgotische Klosterkirche zeugen. Das Pfifferhüs, auch Ave-Maria-Haus genannt, soll der Sitz der berühmten Pfeifergilde gewesen sein. Die Zunft wurde im Mittelalter von den mächtigen Rappoltssteiner Grafen gegründet. Am ersten Septembersonntag findet das traditionelle Volksfest „Pfeifertag“ (Pfifferdaj) statt. An diesem Tag wird der Wein am Brunnen gratis ausgeschenkt.

Le moyen-âge a été la grande période architecturale de Ribeauvillé comme en témoignent la Tour des Bouchers ou Metzgerturm élevée au 13e siècle avec les remparts, l'église Saint-Grégoire 1282-1473 et l'église du Couvent en style gothique tardif. Le Pfifferhus ou maison des ménétriers, appelée aussi maison de l'Ave Maria, aurait été le siège de la célèbre confrérie des ménétriers fondée au moyen-âge par les comtes de Ribeaupierre. La traditionnelle fête des Ménétriers (Pfiffertag) se déroule chaque année le premier dimanche de septembre. Ce jour-là, le vin est servi gratuitement à la Fontaine.

The great building period in Ribeauvillé came in the Middle Ages, as is witnessed by the imposing Tour des Bouchers and the town defences (13th century), the parish church (1282-1473) and the Late Gothic monastery church. The pretty half-timbered "Pfifferhus" (1680) was once the home of the renowned Pfiffer guild, a fraternity founded in the Middle Ages by the mighty Dukes of Ribeauvillé who ruled the town until the French Revolution. The traditional festival of "Pfifferdaj" is held on the first Sunday in September, when free wine is distributed at the market fountain.

Bei einem Spaziergang durch die pittoresken Straßen entdecken wir die Kornhalle aus dem 16. Jh. mit zwei Arkaden und einem gotischen Portal. Zwei schöne Renaissancebrunnen, vor dem Rathaus (1713) und auf dem Place de la République. Das prächtige Rathaus beherbergt eine Humpensammlung aus vergoldetem Silber, die dem Geschlecht derer zu Ribeauvillé gehörte. Reizende Bürgerhäuser säumen die Rue Klobb, die Rue des Juifs und die Rue des Frères-Mertian.

Une promenade dans les rues pittoresques de la ville nous ferons en outre découvrir l'Hôtel de Ville de 1713 qui abrite une collection de hanaps en argents dorés et en vermeil ayant appartenu au seigneurs de Ribeaupierre, la Halle aux blés du 16e siècle avec ses deux arcades et son portail gothique, deux belles fontaines Renaissance, l'une devant l'Hôtel de Ville, l'autre, place de la République et de jolies maisons anciennes rue Klobb, rue des Juifs et rue des Frères-Mertian.

Exploration of the charming old streets will reveal such interesting buildings as the 16th century Corn Hall with two arcades and a Gothic doorway, and two superb Renaissance fountains, one in the Place de la République, the other in front of the handsome town hall (1713). Inside the town hall there can be found an unusual collection of 17th century gold-plated silver tankards once owned by the lords of Ribeauvillé. Delightful old burghers' houses line the Rue Klobb, the Rue des Juifs and the Rue des Frères-Mertian.

Die Wehrkirche von Hunawihr liegt inmitten der Weinberge. Der elsässische Weinbau ist in sehr kleine Anbauflächen aufgeteilt, deren Durchschnittsgröße 900 m^2 beträgt. Dieser geographische Nachteil hat auch seine gute Seite, indem die einzelnen Rebsorten auf dem für sie am besten geeigneten Boden angebaut werden. Der Silvaner braucht eine satte, der Riesling eine steinige und der Gewürztraminer eher eine leichte Erde. Die Weine werden hier nach ihrer Rebsorte benannt und nicht wie die übrigen französischen Weine nach ihrem Anbaugebiet.

L'église fortifiée de Hunawihr est perdue au milieu des vignes. Le vignoble alsacien est très morcelé, la surface moyenne d'une parcelle étant de neuf ares. Cet inconvénient géographique présente des avantages: on cultive les cépages sur les sols qui leur conviennent le mieux. Un vigneron explique: le Sylvaner a besoin d'une terre assez lourde, le Riesling d'une terre caillouteuse, le Gewurztraminer d'une terre plutôt légère. Les vins sont nommés d'après le cépage comme les vins allemands et non d'après le terroir comme les autres crus français.

The fortified church of Hunawihr is attractively situated among vine-clad hills. The vineyards of Alsace are divided into small areas of roughly 900 square metres. Geographically this may be something of a disadvantage but it does mean that the different varieties of grape can be grown under the conditions most suited to them. Sylvaner grapes give the best yield on rich soil, Riesling on stony soil and Gewürztraminer on light soil. It is interesting to note that Alsatian wines are named after the grape variety and not, as elsewhere in France, after a district.

Die Wehrkirche überragt die Dächer von Hunawihr. Die Kämme des Schwarzwalds zeichnen sich in der Ferne ab. Die elsässische Weinpalette umfaßt drei kontrollierte Herkunftsbezeichnungen (Appellations d'Origine Contrôlées) – AOC Alsace, AOC Grand Cru, AOC Crémant d'Alsace. Die sieben wichtigsten Rebsorten sind: der Sylvaner, fruchtig und leicht, der Pinot Blanc, elegant und ausgewogen, der Riesling, rassig und zugleich von erlesener Fruchtigkeit, der Muscat d'Alsace, herb, mit delikatem Bukett, der Tokay oder Pinot Gris, füllig und von kräftigem Körper, der Gewürz-

L'église fortifiée surplombe les toits de Hunawihr. Les crêtes de la Forêt-Noire se dessinent dans le lointain. La gamme des vins d'Alsace comprend trois appellations d'Origine Contrôlées: AOC Alsace, AOC Grand Cru, AOC Crémant d'Alsace. Les cépages les plus connus sont: le Sylvaner léger et fruité, le Pinot Blanc souple et équilibré, le Riesling à la fois racé et fruité, le Muscat d'Alsace sec et d'un bouquet délicat, le Tokay ou Pinot Gris opulent et capiteux, le Gewurztraminer élégant et velouté, le Pinot Noir, Rosé ou Rouge, sec et délicieusement fruité. Le Zwicker et l'Edelzwicker sont des

Hunawihr's fortified church rises imposingly above the roof-tops of the town, with the mountains of the Black Forest visible on the horizon. Alsatian wines are officially categorised by origin (Appellations d'Origine Contrôlées) into three types: AOC Alsace, AOC Grand Cru and AOC Crémant d'Alsace. The commonest varieties of grape are: Sylvaner (light and fruity), Pinot Blanc (elegant, with an all-round harmony), Riesling (with a superb bouquet, fruit and body), Muscat d'Alsace (slightly spicy, with a delicate bouquet), Tokay or Pinot Gris (full-bodied), Gewürztraminer (elegant, velvety

traminer, elegant und kräftig, der Pinot Noir, Rosé oder Rouge, trocken und herrlich fruchtig. Der Zwicker und der Edelzwicker sind beide Verschnitte aus mehreren Sorten, die einen leichten und frischen Wein ergeben. Der Crémant d'Alsace wird nach der „Méthode champenoise" verarbeitet und ähnelt stark dem französischen Champagner. 120 Mio. Flaschen werden jährlich verkauft. Davon kommt eine Mio. aus der Schlumberger Domäne, mit 140 ha dem größten Weinberg des Elsaß. Abgesehen von einigen Ausnahmen, halten sich die elsässischen Weine höchstens 10 Jahre.

mélanges qui donnent de bons petits vins. Le crémant d'Alsace, un vin traité à la méthode champenoise, ressemble fort au champagne. 120 millions de bouteilles environ sont vendues tous les ans. Un million d'entre elles proviennent du domaine Schlumberger près de Guebwiller, le plus grand vignoble d'Alsace avec 140 hectares. Hormis quelques exceptions, les vins d'Alsace ne se conservent que dix ans au maximum. Parmi les dernières années, celles de 85 et de 86 sont excellentes et celle de 83 est tout simplement sublime!

texture) and Pinot Noir, Rosé and Rouge (dry and delightfully fruity). Zwicker and Edelzwikker are not grapes but blended wines, especially selected to produce light, fresh wines. The Crémant d'Alsace, produced according to the "méthode champenoise", is very similar to Franch champagne. Of the 120 million bottles of wine produced annually in Alsace, one million come from Domaine Schlumberger near Guebwiller, the biggest vineyard in Alsace. The wines of Alsace do not normally keep longer than 10 years.

Man riecht förmlich das fruchtige Aroma des Riesling, wenn man die Straßen der kleinen mittelalterlichen Stadt von Riquewihr entlang schlendert. Fast jede Tür der schönen Fachwerkhäuser, jedes Portal der blumengeschmückten Innenhöfe führt zu einer Winstub, einer Gaststätte oder einem Restaurant, wo man die Weine aus den sonnigen Weinbergen des seit jeher berühmten Weinanbauorts genießen kann. Ein Wanderweg windet sich durch den Sporen- und den Schoenenberg, von wo man das Weinbaugebiet und die Stadt mit ihren Türmen und Giebeln bewundern kann.

On a presque l'impression de respirer l'arôme parfumé du Riesling quand on se promène dans les rues de la petite cité médiévale de Riquewihr. Presque chaque porte des belles maisons à colombages, chaque portail s'ouvrant sur des cours intérieures fleuries, donnent accès à des winstubs, des tavernes, des restaurants où l'on peut déguster les vins provenant des vignobles ensoleillés qui entourent la bourgade viticole réputée depuis des temps très anciens. Un sentier viticole traverse le Sporen et le Schoenenberg. En le suivant, on peut admirer le vignoble et la ville avec ses tours et ses pignons.

Take a stroll in the medieval town of Riquewihr and you cannot fail to notice the enticing aroma of Riesling that pervades the streets. Almost any door of the pretty half-timbered houses, any entrance to a flower-filled courtyard, leads to a wine bar, inn or restaurant where you can sample the outstanding wines of Riquewihr, grown on sunny hillsides in vineyards famed for their products over centuries. A footpath winds up through the vineyards of two of Riquewihr's most famous labels, Schoenenberg and Sporen, revealing a fine view of this attractive little town.

Die Weinlese findet Anfang Oktober statt und dauert vier bis fünf Wochen. Einige Winzer benutzen immer noch Holzkiepen und andere antike Fachutensilien zum Einholen der Ernte. Die Spätlese fängt kurz vor Mitte November an. Unter den Winzern trifft man drei Gruppen: der kleine Weinbauer verkauft seine Ernte an Händler oder gehört zu einer Genossenschaft. Er liefert 40% der gesamten Produktion. 20% kommen aus sich selbst verwaltenden mittelgroßen Betrieben. Außer seiner eigenen Produktion erwirbt der Großgrundbesitzer auch die Weinlese von kleinen Winzern.

Les vendanges commencent au début du mois d'octobre et durent de quatre à cinq semaines. Certains vignerons utilisent encore des hottes de bois et autres instruments anciens de viticulture. Les vendanges tardives commencent un peu avant la mi-novembre. On rencontre trois catégories de viticulteurs: le petit vigneron qui vend son raisin à des négociants ou fait partie de coopératives viticoles représente environ 40% de la production; le viticulteur moyen gère seul sa production (20%); le gros propriétaire de domaine achète aussi les vendanges des petits vignerons.

The main grape harvest starts at the beginning of October and lasts four or five weeks. Some vintners still use wooden panniers and other traditional tools. The late harvest (Spätlese) is in mid-November, by which time the grapes are riper, yielding fine, longer-lasting wines. There are three kinds of vintner. Some 40% of wines come from small vintners who sell their wines to a dealer or belong to a co-operative. 20% come from larger, self-administered vineyards and the rest come from the big vintners who may also buy up the products of smaller vineyards.

Entlang der Hauptstraße reihen sich schöne Häuser aus dem 16. und 17. Jh. aneinander. Das Haus „Liebrich" am Anfang der Straße besitzt einen sehr pittoresken Innenhof, „Schwanenhof" genannt, mit Brunnen, Kelter und Holzgalerien. Der 1291 errichtete Dolderturm birgt ein Heimatmuseum. Im hinteren Teil des Judenhofes führt eine Treppe zum Wachenweg zum Diebesturm, wo eine ehemalige Folterkammer mit Instrumenten von früher ausstaffiert ist. Auch das Museum der elsässischen Postgeschichte im Württemberger Schloß wirkt sehr beeindruckend.

Tout au long de la rue principale se succèdent de belles maisons des 16e et 17e siècles. La maison Liebrich possède une cour très pittoresque dite „Cour des cigognes" avec un puits, un pressoir et des galeries en bois. La tour du Dolder, construite en 1291, abrite un musée d'arts populaires. Au fond de la cour des Juifs, un escalier permet d'accéder au chemin de ronde et à la tour des Voleurs qui renferme une chambre des tortures encore équipée d'instruments d'époque. Un autre musée passionnant est le musée de l'Histoire des P.T.T. d'Alsace installé dans le château des Wurtemberg.

Rows of handsome 16th and 17th century houses line the main street. At one end, Haus Liebrich has an lovely inner courtyard with a well, a wine press and wooden galleries. The museum of local history is housed in the imposing Dolder tower. From the narrow Rue de Juifs a flight of steps leads to the Tour de Voleurs, or thieves' tower, where an exhibition of grisly instruments is on display in the former torture chamber. The squeamish are advised instead to visit the medieval Obertor gateway or the Château with its fascinating museum of postal history.

Welch Vergnügen, in einem Winstub-Innenhof zu sitzen und bei einem köstlichen Mahl einen guten Tropfen zu trinken! Probieren Sie die Weinbergschnecken, den Zwiebelkuchen oder den berühmten „Flammekueche". Diese Spezialität aus dünn ausgerolltem Brotteig wird mit Doppelrahm, Speckwürfelchen, gehackten Zwiebeln und einigen Tropfen Rapsöl belegt und dann im Ofen gebacken. Früher war ein Teller Sauerkraut, mit einem Stück Speck garniert, das tägliche Mahl der Armen. Heute ist das Sauerkraut nach Elsässer Art ein erlesenes Gericht der guten Küche!

Quel plaisir agréable que de s'asseoir dans la cour d'une winstub devant un repas délicieux arrosé d'un petit cru du pays! Goûtez les escargots, la tarte à l'oignon ou le »flammekueche«, le nom alsacien de la célèbre tarte flambée: un fond de pâte à pain garni d'oignons, de lardons, de crème ou de fromage blanc mêlés à quelques gouttes d'huile. Autrefois, une assiette de choucroute relevée d'une tranche de lard était le plat quotidien du pauvre. Aujourd'hui, la choucroute à l'alsacienne est devenue un plat somptueux et pour gros mangeurs!

One of the greatest pleasures in Alsace is to sit in the courtyard of a old tavern and sample the delicious local food and a glass of good Alsatian wine. Especially recommended are the snails, the onion tart and the "Flammkueche", a delectable speciality consisting of a yeast dough base topped with a mixture of chopped onion, bacon and double cream, sprinkled with oil and baked in a hot oven. A plate of sauerkraut and a slice of fat bacon used once to be the staple diet of the poor; nowadays sauerkraut in Alsace has come to mean a tempting dish suitable for any gastronome's palate.

Auf eine Schicht in elsässischem Wein geschmortes Sauerkraut wird man Ihnen eine köstliche Mischung aus Schweinefleisch, Eisbein und Würstchen servieren oder Sie lassen sich mit einem Hahn in Riesling oder einem Ill-hecht in Rahm verführen. Beenden Sie Ihre Mahlzeit mit einer Quark-, einer Rhabarber-, Heidelbeer- oder Zwetschgentorte. Viele originelle Gasthof-, Restaurant- und Winstubschilder wurden von Hansi (1873-1951), einem Sohn der Stadt Colmar, Schriftsteller, Künstler, bekannter Karikaturist und glühender Verfechter seiner Heimat, geschaffen.

Sur un tapis de choucroute mijotée dans un bon vin du terroir, on vous servira un alléchant mélange de viandes de porc, de saucisses et de jambons. Si vous avez moins faim, laissez-vous tenter par un coq au Riesling ou un brochet de l'Ill à la crème. Et pour terminer votre repas, prenez une tarte au fromage blanc ou aux fruits, à la rhubarbe, aux quetsches, aux myrtilles. Un grand nombre des enseignes des restaurants, des winstubs et des auberges originales a été réalisé par Hansi (1873-1951) enfant de Colmar, écrivain, artiste, caricaturiste célèbre et ardent défenseur de son pays.

The sauerkraut is cooked in a local wine and garnished with pork, sausages and ham. If you wish for a lighter meal, spoil yourself with a dish of chicken in Riesling or a pike from the river Ill poached in wine and cream. A perfect finish to the meal would be one of the irresistible tarts made with cream cheese, rhubarb, blueberries or plums. The restaurants, taverns and inns are proud of the signs hanging outside and vie with each other to produce the most attractive and original design. Many of them are the work of Hansi, (1873-1951) writer, artist, caricaturist and ardent supporter of his homeland.

HOTEL
du
DOLDER
J.J. Mérius
RESTAURANT
BRASSERIE

Au Petit Gourmet
RESTAURANT

Eine der schönsten Freuden bei einer Tour durch das Elsaß ist die Weinprobe bei einem Winzer. Der Weinbauer wird Ihnen die verschiedenen Rebsorten erklären und Ihnen eine Kostprobe seiner Qualitätsweine in einer „elsässischen Tulpe", einem Glas mit langem grünen Stiel, servieren. Die elsässischen Weine müssen unbedingt eine Temperatur von 7 bis 9 Grad haben und dürfen nicht mehr als 40 Milligramm Schwefel pro Hektoliter enthalten. Die riesigen Fässer sind mit Riegeln verziert, die Wassernixen, Weintrauben, Einhörner oder den Weingott Bacchus darstellen.

Un des plus grands plaisirs d'une randonnée en Alsace est de s'arrêter chez un viticulteur pour une dégustation de vins. Le vigneron vous expliquera les différents cépages et vous fera goûter ses crus dans des verres dits »tulipes d'Alsace«: un verre ballon à longue tige de couleur verte. Vous apprendrez que les vins d'Alsace se boivent impérativement entre sept et neuf degrés et qu'ils ne devraient pas contenir plus de 40 milligrammes de souffre à l'hectolitre. Les tonneaux immenses sont décorés de verroux représentant des sirènes, des grappes de raisins, des licornes et Bacchus.

One of the most enjoyable experiences while touring Alsace is the custom of wine-tasting at a local vintner's. Here the visitor can learn about the different varieties of grape and sample some of the vineyard's choicest wines in the characteristic long-stemmed glass known as an „Alsatian tulip". Alsatian wines should have a temperature of between 7-9 C and may contain no more than 40 milligrams of sulphur per hectolitre. On the wooden bolts of the huge vats the vintners carve decorative motifs of water sprites, bunches of grapes, unicorns or Bacchus, the god of wine.

Der Burgfried, eines aus dem 13. Jh. stammenden Schlosses, überragt das heutige Kaysersberg an der Mündung des Weisstal. Trotz gewaltiger Schäden im 2. Weltkrieg blieben ein Teil ihrer Wehrmauern und zahlreiche Bürger- und Patrizierhäuser, darunter das Renaissance-Rathaus, erhalten. Die Pfarrkirche Heilig-kreuz (12.-16. Jh.) mit ihrem aus dem 19. Jh. stammenden Glockenturm ist ein wahres Museum der medievälen Kunst. Einer der schönsten Winkel der Geburtsstadt Albert Schweitzers, des Friedens-Nobel-Preisträgers von 1952, ist die Wehrbrücke über die Weiss.

Kaysersberg, montagne de l'empereur, est dominée par le donjon d'un château construit au 13e siècle. La cité viticole de Kaysersberg est située à l'entrée de la vallée de la Weiss. Malgré d'importants dégâts en 1945, elle a conservé une partie de ses fortifications, de nombreuses maisons anciennes dont l'Hôtel de ville de style Renaissance. L'église de la Sainte-Croix (12e-16e s.) avec un clocher du 19e s. est un véritable musée de l'art médiéval. Un des plus jolis coins de la ville natale du docteur Albert Schweitzer, prix Nobel de la Paix en 1952, est le pont fortifié sur la Weiss.

The town of Kaysersberg, is dominated by the keep of its 13th century castle. Although the town suffered considerable damage in the last war, parts of the town wall, the Renaissance town hall and many old houses survived the onslaught. The parish church of St Croix (12th-16th century) has a 19th century bell tower and is a veritable museum of medieval art treasures. One of the most picturesque parts of Kaysersberg is around the fortified bridge over the river Weiss. Albert Schweitzer who received the Nobel Peace Price in 1952 was a native of Kaysersberg and not far from the bridge stands his birthplace.

3
CHAPELLE
DE
L'OBERHOF
CREMANT
VINS FINS D'ALSACE
JEAN DIETRICH
PROPRIETAIRE
VITICULTEUR

Die Weinbaugemeinde Turckheim ist das Tor des Münstertals. Die ehemalige Reichsstadt und Mitglied der Décapole ist berühmt wegen des großen Siegs von Turenne im Januar 1675, durch den das Elsaß damals an Frankreich angegliedert wurde. Auf dem Platz Turenne befindet sich der „Wunschbrunnen", geschmückt mit einer Statue der Gottesmutter mit Kind (18. Jh.). Rechts das „Haus der Bürger" (1580) In der Bildmitte das Spätrenaissance-Rathaus vor der im 19. Jh. renovierten Kirche mit ihrem teils romanischen, teils gotischen Glockenturm.

La cité viticole aux portes de la Vallée de Munster, ville impériale et membre de la Décapole, est célèbre pour la fameuse victoire de Turenne en janvier 1675 qui donna l'Alsace à la France. Sur la place Turenne: la fontaine »à voeux« surmontée d'une statue de la Vierge à l'Enfant du 18e s. se dresse devant la »Maison des Bourgeois« de 1580 et en face d'une belle demeure à colombages. Au fond de la photo: l'Hôtel de ville de style Renaissance tardive devant l'église refaite au 19e avec un clocher mi-roman, mi-gothique.

This town is set in the Munster valley in the foothills of the Vosges. The surrounding vineyards are regarded as some of the best in Alsace. The battle of Turenne fought against the army of the Holy Roman Empire in 1675, was won in Turckeim, as a result of which Alsace became part of France. In the Place Turenne the "wishing well" is surmounted by an 18th century statue of the Virgin Mary. In front of the church can be seen the stately gabled late Renaissance town hall. The nave of the church was rebuilt in the last century but it has retained its original Romanesque-Gothic bell tower.

Colmar war die wichtigste der zehn elsässischen Handelsstädte der Decapole. Die Stadt, von der Voltaire sagte, sie sei „halb französisch, halb deutsch", ist heute die Präfektur des Oberelsaß. Wie durch ein Wunder blieb die malerische Stadt von den heftigen Kämpfen Ende 1944/45 verschont. Ihre Straßen sind von schönen Fachwerkhäusern gesäumt. Das „Kopfhaus" in der gleichnamigen Straße ist das prachtvollste Renaissance-Haus der Stadt (1609). Weitere pittoreske Häuser befinden sich entlang der Lauch und im Stadtviertel Klein-Venedig (folgende Seiten).

Colmar fut la principale des dix villes commerçantes alsaciennes de la Décapole. La cité dont Voltaire disait »qu'elle était mi-française, mi-allemande et tout à fait iroquoise«, est aujourd'hui la préfecture du Haut-Rhin. Comme par un miracle, la ville a échappé aux violents combats de la poche de Colmar fin 1944-début 1945. Ses rues sont bordées de belles maisons à colombages. La Maison des Têtes dans la rue du même nom est la plus magnifique demeure Renaissance de la ville (1609). D'autres habitations pittoresques se trouvent le long de la Lauch et dans le quartier de la petite Venise.

In the 14th century, Colmar was the most important of the league of ten towns in Alsace known as the Decapole. Today Colmar is the capital of Upper Alsace. Miraculously, it survived the terrible destruction wreaked in this area in the final months of the last war. The old part of the town is full of fine half-timbered houses, while the most noteworthy Renaissance building is the extraordinary Maison des Têtes, dating from 1609. Other irresistible subjects for a camera can be found around the river Lauch and in the quarter of the town known as Little Venice.

Das zwischen dem 13. und 14. Jh. errichtete St.-Martins-Münster hat schöne Statuen aus dem 14. Jh. und alte Kirchenfenster, u. a. eine bewundernswerte Abbildung des Angesichts Christi aus dem 13. Jh. Bis vor kurzem barg es noch die wundervolle „Madonna im Rosenhag", ein Meisterwerk von Martin Schongauer, das heute in der Dominikanerkirche ausgestellt ist. Das Geburtshaus des berühmten Bildhauers Bartholdi und das von Schongauer, die ehemaligen Stadtwache von 1575 und das älteste Haus Colmars, das Adolfhaus (1350) säumen die Rue des Marchands.

La collégiale Saint-Martin construite entre les 13e et 14e siècles renferme de belles statues du 14e s. et des vitraux anciens dont une admirable tête du Christ du 13e s. Elle abritait encore récemment la merveilleuse »Vierge au buisson de Roses«, chef-d'oeuvre de Martin Schongauer, aujourd'hui exposée dans l'église des Dominicains. La rue des Marchands est bordée de demeures célèbres datant des 15e et 16e siècles: la maison natale du célèbre sculpteur Bartholdi, celle de Schongauer, l'ancien corps de garde construit en 1575, la maison Adolphe qui est la plus vieille maison de Colmar (1350).

St Martin's minster (14th-15th c.) contains fine medieval statues and some early stained glass windows, the earliest of which (13th century) shows a superbly-executed head of Christ. Until recently Martin Schongauer's 15th century masterpiece, the exquisite painting known as the "Madonna of the Rose Garden" was kept in St Martin's (now removed to the Unterlinden Museum). The Rue des Marchands is lined with 15th and 16th century houses: the house of the Corps du Garde (1575), the Maison Adolphe (the oldest house in Colmar, 1350), the house of Schongauer and the birthplace of the sculptor Bartholdi.

Restaurant
Au
Fer Rouge

Cellier du Koïfhus
KOIFHUS

Das Schmuckstück der Stadt ist zweifellos das Museum Unterlinden, eines der größten Frankreichs, das seit 1849 im alten Dominikanerkloster (13. Jh.) untergebracht ist. Außer wundervollen Kunstsammlungen – von den Frühwerken der elsässischen Schule bis zu zeitgenössischen Gemälden – birgt es Kunsthandwerkliches, Exponate der Volks- und der angewandten Kunst, sowie einen Saal, der wie ein elsässischer Weinkeller ausgestattet ist. Das wertvollste Werk ist in der alten Kapelle ausgestellt (Bild rechts). Es sind die von Grünewald gemalten 11 Tafeln, die den Tod Christi darstellen.

Le joyau de la ville est sans aucun doute le musée Unterlinden, l'un des plus grands de France qui, depuis 1849, occupe l'ancien couvent des Dominicaines fondé au 13e s. Outre d'admirables collections d'art – depuis les primitifs Alsaciens jusqu'à des tableaux d'art contemporain, il renferme une importante partie d'art et d'artisanat populaires, d'arts décoratifs et une salle consacrée au décor d'une cave alsacienne. L'oeuvre la plus précieuse est exposée dans l'ancienne chapelle: le rétable peint vers 1515 par Matthias Grünewald.

Colmar's proudest possession is without doubt the Unterlinden Museum, one of the biggest in France. Since 1849 the collection has been housed in the old 13th century Dominican monastery. There is an excellent selection of pictures, from very early works of art to contemporary paintings, and an exhibition illustrating local crafts and customs. One room is furnished as an authentic Alsatian vintner's cellar complete with wine presses. The most priceless work of the whole collection can be found in the chapel; it is the magnificent winged Isenheim Altar, painted in the early 16th century by Matthias Grünewald.

Nach Ansicht der Weinhistoriker war Eguisheim im 4. Jh. die Wiege des elsässischen Weinbaus. Die Bischöfe Straßburgs und der großen Abteien besaßen hier beträchtliche Weinberge. Auch Voltaire erwarb dort Weingüter. Die Weine von Eguisheim sind so berühmt, daß sie auf königlichen Tafeln Europas zu finden sind. Bruno von Eguisheim, später Papst unter dem Namen Leo IX, wurde im Schloß (8. Jh.), das den Hauptplatz flankiert, geboren. Die jetzigen Gebäude stammen aus dem 19. Jh. (Bild links). Das schmucke Städtchen ist heute noch von einer mittelalterlichen Stadtmauer (12. Jh.)

Les historiens du vin pensent qu'Eguisheim aurait été au 4e siècle le berceau de la viticulture alsacienne. Les évêques de Strasbourg et de grandes abbayes possédaient ici d'importants vignobles. Voltaire y acquit aussi des domaines. Les vins d'Eguisheim – toute la gamme des crus d'Alsace – sont si célèbres qu'ils figurent sur des tables royales européennes. Bruno d'Eguisheim, plus tard pape sous le nom de Léon IX, naquit dans le château construit au 8e s. qui se dresse sur la place principale. Les bâtiments actuels datent du 19e s. La coquette petite cité, aux ruelles bordées de maison à colomba-

Eguisheim is regarded by historians as the cradle of viticulture in Alsace. The Bishop of Strasbourg and many great abbeys once owned extensive vineyards here and later the French writer Voltaire acquired his own local „domaine". The fame of Eguisheim wines, which cover the whole range of Alsatian „Crus", is such that they are to be found on royal tables throughout Europe. Bruno d'Eguisheim, later Pope Leo IX, was born in the residence flanking the main square. The present buildings date from the 19th century, although there was a castle on this site 1100 years ago.

umgeben. Fachwerkhäuser, deren Portale oft mit Jahreszahl und Wappen versehen sind, säumen die verschlungenen Gassen. Häufig stellen Bauern ihr Werkzeug aus alter Zeit in ihren Kellerräumen oder Höfen aus. Das Winzerfest findet am letzten Sonntag im August statt. Außer den hervorragenden Weinen kann man sich an lokalen kulinarischen Spezialitäten in zahlreichen einladenden Restaurants laben, z.B. im Caveau d'Eguisheim, einem Patrizierhaus, das eine schöne Kelter aus dem 18. Jh. birgt, oder in der Auberge des Remparts, einem sehr geschmackvoll eingerichteten Fachwerkhaus.

ges avec des portails souvent datés et armoiriés, est entourée de remparts datant du 12e siècle. Les paysans ont souvent conservé leurs outils anciens qu'ils exposent dans leurs caveaux ou dans leurs cours. La fête des Vignerons se déroule le dernier dimanche d'août. Outre les vins délicieux, on pourra déguster les spécialités culinaires de la localité dans de nombreux restaurants accueillants comme le Caveau d'Eguisheim, une ancienne demeure patricienne renfermant un beau pressoir du 18e siècle ou l'Auberge des Remparts, une jolie maison à colombages aménagée avec beaucoup de goût.

The 12th century town walls still surround this trim little town of winding lanes and quaint half-timbered houses whose doorways frequently display a date and coat of arms. Local people often keep a collection of traditional tools on display in their houses. The wine festival is on the last Sunday in August, and is worth a visit not only for its superb selection of wines but also for the range of culinary specialities available in such restaurants as the Caveau d'Eguisheim, an old patrician's house with a genuine 18th century wine press, or the elegant Auberge des Remparts.

Hier verläuft die „Straße der fünf Schlösser". Das erste ist die Pflixburg, das zweite die Hohenlandsburg, die drei übrigen sind Ruinen der Schlösser von Eguisheim, alle fünf im 12. und 13. Jh. erbaut. Die viereckigen Türme von Hoch-Eguisheim stehen auf einer bewaldeten Anhöhe, von wo man einen herrlichen Blick auf Colmar, das Rheintal und den Schwarzwald genießen kann. Eingebettet zwischen Weinbergen und Tannen, ist die kleine Weingemeinde Husseren-les-Châteaux der höchste Punkt der Weinstraße (380 m).

En cet endroit, la route est appelée route des Cinq Châteaux. Le premier est le Pflixbourg, le second le Hohlandsbourg, les trois autres sont les ruines des châteaux d'Eguisheim, tous les cinq construits aux 12e et 13e siècles. Les trois tours carrées composant le Haut-Eguisheim se dressent sur une hauteur boisée d'où l'on a un panorama superbe sur Colmar, sur la vallée du Rhin et la Forêt-Noire. Niché entre les vignobles et les sapins, le petit village viticole de Husseren-les-Châteaux est le point culminant de la route du Vin (380 m d'altitude).

Husseren marks the start of the road of the five castles, the „Route des Cinq Châteaux". The five castles are those of Pflixbourg, Hohenlandsburg and the three ruined castles of Eguisheim. All were erected in the 12th and 13th centuries. The three tall square towers that make up the stronghold of Eguisheim stand amidst woodland on a hill that affords a panoramic view of Colmar, the Rhine valley and the Black Forest. The little village of Husseren-les-Châteaux itself, set among vineyards and forests, lies at the highest point of the Wine Route (380 metres).

Die in dem gleichnamigen Tal gelegene Stadt Münster hat während der zwei letzten Kriege viel gelitten und den größten Teil ihrer alten Bauwerke verloren. Sie hat jedoch eine reiche Vergangenheit: sie bildete mit neun Dörfern oberhalb des Tals die „Gemeinde der Stadt und des Münstertals", die Reichsstadt und später Mitglied der Décapole wurde. Sie war auch ein Zentrum der Textil-Industrie in den Vogesen. Heute ist sie beliebter Erholungsort, bekannt für ihren Käse, der aus der Milch der vogesischen Rinderrasse gewonnen wird und als Münstertaler Käse bekannt ist.

Munster, située dans la vallée du même nom, a beaucoup souffert durant les deux dernières guerres et a perdu la plupart de ses monuments anciens. Elle est pourtant une ville riche en histoire: avec neuf villages en amont de la vallée, elle forma »la Commune de la ville et de la vallée de Munster« qui devint ville impériale et plus tard membre de la Décapole. Elle fut aussi un centre de l'industrie textile dans les Vosges. Aujourd'hui, elle est un endroit de villégiature apprécié, surtout connu pour son fromage fabriqué avec le lait des vaches de la race bovine vosgienne.

Munster, situated in the valley of the same name, suffered much damage in the course of two World Wars and as a consequence lost most of its old buildings forever. Munster is nevertheless a city rich in history. In the Middle Ages it was a Free City of the Empire and a member of the influential league of Alsatian towns known as the Decapole, and later became the hub of the flourishing textile industry of the Vosges. Today Munster is a popular holiday centre and famous above all for Munster cheese, which is manufactured only from the milk of Vosges cattle.

„Marcaire" ist der Name für die Landwirte, welche die Herstellung des echten Münster-Fermier-Käse noch von Hand betreiben. Die Produktion erfordert eine langwierige und minutiöse Arbeit. Nachdem der Bauer die Molke vom Vortag sorgfältig entrahmt hat, gibt er die soeben gemolkene Rohmilch dazu, erhitzt die Mischung in einem Kupfertiegel auf 35 Grad, nimmt sie von Feuer und fügt einen Löffel Ferment hinzu, um die Milch zum Gerinnen zu bringen. Der Käse wird für eine Nacht in eine Holzform gegossen. Der Reifeprozeß dauert ungefähr einen Monat in einem feuchten Keller.

Marcaire (de melken-traire) est le nom donné aux fermiers qui perpétuent la fabrication artisanale du vrai Munster-Fermier. La fabrication du fromage de lait de vache demande un travail long et minutieux. Après avoir soigneusement écrémé la traite de la veille, le fermier y ajoute le lait complet qu'il vient de traire. Il chauffe le mélange à 35 degrés dans un chaudron de cuivre. Hors du feu, il y met une cuillère de présure pour faire cailler le lait. Le fromage est versé dans des moules en bois pendant une nuit. Son affinage dure environ un mois dans une cave humide.

„Marcaire" (French, to milk) is the name given to farmers who still manufacture the real Munster farmhouse cheese by hand. Making the cheese is an arduous and exacting task. The milk is left for a day and the cream taken off. Fresh milk is added to the skimmed milk and the mixture heated to 35 degrees C in a copper pan. It is then removed from the heat and an enzyme is added to curdle the mixture. The resulting ferment is poured into a wooden mould and left overnight to solidify. Finally the cheese is left to mature in a damp cellar for about a month.

Die sehr schöne Route, die zum Col de la Schlucht (1139) führt, verläuft durch herrliche Landschaften. Vier km von Soultzeren entfernt, wo der Münsterkäse auch hergestellt wird, befindet sich der Forletsee, mit 1061 m der höchst gelegene See der Vogesen, sowie der Soultzerensee (1044), der auch der grüne See genannt wird, da ihm wuchernde Grünalgen im Sommer eine smaragdene Färbung verleihen. Der Col de la Schlucht ist ein Wintersportort für Alpin- und Langlaufski.

La très belle route qui conduit au col de la Schlucht (1139m) traverse des sites splendides. A quatre kilomètres du bourg de Soultzeren où l'on fabrique le fromage de Munster, se trouve le lac du Forlet ou des Truites, le plus haut lac des Vosges situé à 1061m d'altitude et le lac de Soultzeren (1044m) appelé aussi lac Vert car en été, une prolifération d'algues chlorophycres lui donne des teintes verdâtres. Le Col de la Schlucht est une station de sports d'hiver avec des pistes de ski alpin et de fond.

The scenic route leading up to the Col de la Schlucht (1,139 metres) passes through some breathtakingly beautiful countryside. Four km. from Soultzeren castle (see photo), where the traditional Munster cheese is still made, is the Lac de Forlet, the highest in the Vosges. It lies at an altitude of 1061 metres, slightly higher than the Lac de Soultzeren (1044 metres), sometimes known as the green lake after the emerald green algae that colour it in the summer months. The Col de la Schlucht is now a winter sports area with cross-country and alpine ski runs.

Der Markstein, wo der Große Belchen oder Ballon de Guebwiller (1424 m) aufragt, ist ein Paradies für Skiläufer und Drachenflieger, die über einer grandiosen Landschaft ihre Kreise ziehen. Auf dem Gipfel des höchsten Vogesenberges erhebt sich das Denkmal der „Blauen Teufel" zum Gedenken an das Bataillon der Gebirgsjäger, die im 1. Weltkrieg gefallen sind. Bei klarem Wetter reicht die Sicht bis zur Elsässischen Ebene, dem Schwarzwald, Juragebirge und den Alpen.

Le Markstein où s'élève le Grand Ballon ou Ballon de Guebwiller (1424m) est devenu un paradis pour les skieurs et pour les amateurs de deltaplanes qui évoluent au-dessus d'un paysage grandiose. Au sommet du point culminant des Vosges, se dresse le monument des Diables Bleus à la mémoire des chasseurs alpins tués durant la première guerre mondiale. Par temps clair, la vue embrasse la plaine, la Forêt-noire, le Jura et les Alpes.

Markstein, below the Grand Ballon (1424 m.), is a paradise for skiers and for hang-gliders who circle high above this grandiose landscape. At the summit of the Grand Ballon, the highest peak in the Vosges, stands a monument to the Blue Devils, the soldiers of the mountain batallion who lost their lives in the 1914-1918 war. In clear weather there is an astounding view of the plain of Alsace, the Black Forest, the Jura and the Alps.

In den oberen Vogesen gibt es viele Gletscherseen die in herrlicher Landschaft nahe der elsässischen Grenze liegen. Der größte ist der Gérardmer See mit 2200 m Länge und 750 m Breite. In 45 Minuten kann man um den Retournemer See laufen, der von steilen Felsen und hübschen Wasserfällen umgeben ist. Der Blanchemer-See ist mit einer üppigen Vegetation versehen. Der von Porphyr- und Granitwänden umgebene Lac des Corbeaux ist einer der schönsten Seen in den Vogesen. Die Ufer des Longemer-Sees laden zu romantischen Spaziergängen ein.

Les Hautes-Vosges possèdent de nombreux lacs d'origine glaciaire. Plusieurs d'entre eux s'étendent dans des sites splendides à quelques kilomètres de la frontière alsacienne. Le plus grand est le lac de Gérardmer avec 2200 m de long et 750 m de large. En 45 minutes, on peut faire le tour du lac de Retournemer bordé de rochers abrupts et de jolies cascades. Le lac de Blanchemer est envahi par une végétation exubérante. Le lac des Corbeaux, entouré de parois de porphyre et de granit est l'un des plus beaux des Vosges. Les bords du lac romantique de Longemer offrent de très belles promenades.

In the Upper Vosges there are a number of lakes of glacial origin, some set in the impressive landscapes near the borders of Alsace. The largest, Lac de Gérardmer, is 2,200 metres long. It takes only 45 minutes to walk around the Lac de Retournemer, which is encircled by cliffs and pretty waterfalls. The romantic shores of Lac de Longemer are ideal for a pleasant, leisurely walk, while the Lac de Blanchemer is half-hidden in luxuriant vegetation. The Lac de Corbeaux is one of the most spectacular in the Vosges, ringed by steep walls of porphyry and granite.

Üppige Weinberge umgeben Gueberschwihr, dessen hübsche Dächer von einem sehenswerten Kirchturm (12. Jh.) mit dreistöckigen Doppelfenstern überragt werden. Vom lindenüberschatteten Hauptplatz aus kann man die vielen alten Winzerhäuser bewundern. Durch hohe Tore gelangt man in große Innenhöfe, wo Transportwagen mit den geernteten Weintrauben direkt neben der Kelter entladen werden.

De somptueux vignobles entourent Gueberschwihr dont les jolis toits sont dominés par un remarquable clocher roman du 12e siècle qui possède trois étages de fenêtres géminées. De la place principale, ombragée de tilleuls, on peut admirer les nombreuses maisons anciennes de vignerons. Leur hauts portails s'ouvrent sur de vastes cours où les charrettes transportant la vendange sont directement déchargées près du pressoir.

Vines flourish in profusion around the pretty village of Gueberschwihr. The venerable 12th century church tower with its three-storied double windows is a distinctive landmark above the rooftops. Sitting in the peaceful shade of the lime trees in the main square, the visitor can admire the many old vintners' houses round about. Their characteristic feature is a high gateway leading to an inner courtyard. This was designed for the convenience of the vintner, as the largest grape harvest could be transported straight into the yard and unloaded directly next to the wine-press.

Das hübsche Weinstädtchen Rouffach ist reich an Andenken und voller Charme. Ihr Kleinod ist unbestritten die Liebfrauen-Kirche, eines der schönsten gotischen Bauwerke des Elsaß mit romanischen Elementen (Transept und zwei Apsiden). Seit 1106 dürfen die Frauen auf der rechten Seite der Kirche sitzen, die traditionell den Männern vorbehalten war. Damals traten die Frauen gegen die Herrschaft der Männer im Dorf an, wogegen die Männer nicht zu trotzen wagten. In Rouffach gibt es auch eine Storchenzucht, die man besichtigen kann.

La jolie cité viticole de Rouffach est pleine de souvenirs et de charme. Son joyau est incontestablement l'église Notre-Dame de l'Assomption, un des plus beaux édifices gothiques d'Alsace avec des éléments romans (transept et deux absides). Les femmes occupent le côté droit de l'église traditionnellement réservé aux hommes depuis 1106, date à laquelle elles défièrent le seigneur du village que les hommes n'osaient pas affronter.

There are many buildings of historical interest in the charming litle town of Rouffach, the most memorable of which is the church of Notre Dame de l'Assomption, one of the finest Gothic monuments in Alsace. In a break with tradition, the women sit on the right in the church; this came about in 1106 after they put their cowardly menfolk to shame by showing considerable courage in defying the lord of Rouffach.

Der im Lauchtal oder Florival (= blühendes Tal) gelegene Ort Gebweiler birgt sehenswerte Kirchen: das in Buntsandstein gebaute St.-Leodegar-Münster (12. Jh.) kennzeichnet den Übergang von der Romanik zur Gotik. Die Basilika Notre-Dame (18. Jh.) ist eines der interessantesten neo-klassizistischen Werke der Region. Thann liegt am Rand des anmutigen St.-Amarin-Tals. Die alte Dominikanerkirche ist ein sehr schönes gotisches Denkmal. Mehr als 500 Figuren zieren das Hauptportal des St.-Theobald-Münsters im spätgotischen Stil.

Guebwiller, située dans la vallée de la Lauch ou du Florival, abrite de remarquables églises: Saint-léger (12e s.), construite en grès rose, marque la transition du roman au gothique. L'église Notre-Dame (18e s.) est une des œuvres néo-classiques les plus intéressantes de la région. L'ancienne église des Dominicains est un très bel édifice gothique. Thann – dont le nom vient de Tanne, sapin en allemand – s'étend à l'orée de la riante vallée de Saint-Amarin. Le portail principal de la collégiale Saint-Thiébaut construite en style gothique flamboyant est peuplé de plus de 500 personnages.

Guebwiller lies in the Lauchtal, sometimes known as Florival or flowering vale. Among the town's interesting churches, the dignified 12th century sandstone minster of St Léger is an example of the transitional period between Romanesque and Gothic. Notre-Dame (18th century) is one of the most notable neo-classical buildings in the region. The photo shows the Dominican church, a fine example of 14th century Gothic. – Thann stands at the edge of the forest in the pleasant St Amarin valley. The west doorway of the superb Gothic church of St Theobald is surrounded by over 500 stone figures.

Mülhausen ist nach einer Mühle benannt, die Besitz der Straßburger Abtei St. Etienne war und die an der Stelle der heutigen Stadt stand. Der Place de la Réunion bildet den historischen Kern der Stadt. Man findet dort die reformierte Kirche St.-Etienne, geschmückt mit schönen Fenstern aus dem 14. Jh. und Chorstühlen aus dem 17. Jh. Im Rathaus im rheinländischen Renaissancestil kann man Fresken aus dem 17. Jh. und eine Kopie der „Klapperstei" bewundern. Dieser 12 kg schwere Stein wurde den Verleumdern um den Hals gehängt, die damit am Markttag durch die Stadt laufen mußten.

Mulhouse doit son nom à un moulin que l'abbaye strasbourgeoise de Saint-Etienne possédait à l'emplacement de la ville actuelle. La place de la Réunion forme le coeur du vieux Mulhouse. On y trouve le temple Saint-Etienne avec de beaux vitraux du 14e s. et des stalles du 17e s. provenant de l'église qui s'élevait à cet endroit. L'Hôtel de Ville de style Renaissance rhénane, est décoré de fresques de la fin du 17e s. et d'une copie du »Klapperstei«, un bloc de pierre de douze kilos que l'on suspendait au cou des calomniateurs avant de leur faire traverser la ville les jours de marché.

As its name implies, Mulhouse grew up around a mill which belonged to the Strasbourg abbey of St Etienne. The core of the ancient town, now the city centre, is the Place de la Réunion. The neo-Gothic St Etienne replaces an earlier church and has retained some good medieval glass and 17th century choir stalls. The Renaissance town hall is worth a visit for its 17th century frescoes and a replica of the old "Klapperstein". Slander your neighbour and you would be paraded through town on market day with this rock weighing over 12 kg tied around your neck.

Der Europaturm überragt Mulhouse, industrielles Zentrum und größte Stadt des Unterelsaß mit ca. 113.000 Einwohnern. Die moderne Stadt – ein wirtschaftlicher und kultureller Knotenpunkt zwischen Frankreich, der Schweiz und Deutschland – hat eine reiche Vergangenheit. Sie war Freie Reichsstadt, verbündete sich im 15. Jh. mit dem Schweizer Staatenbund und wurde erst 1898 der Französischen Republik angeschlossen. Die ehemals für ihre mächtigen Zünfte berühmte Stadt kam dank ihrer 1746 angesiedelten Textilindustrie sehr früh zu einer raschen wirtschaftlichen Entwicklung.

La tour de l'Europe domine Mulhouse, la capitale industrielle du Bas-Rhin et sa plus grande ville avec quelque 113 000 habitants. La ville moderne, carrefour économique et culturel entre la France, la Suisse et l'Allemagne, a un passé très riche. Elle fut ville libre impériale, membre de la Décapole, s'allia aux confédérations suisses au 15e siècle et ne se rattacha à la République française qu'en 1898. La cité, renommée autrefois pour ses puissantes corporations, connut très tôt un développement économique rapide grâce à l'industrie du textile implantée dès 1746.

The Europa tower dominates Mulhouse, the industrial capital and largest town of Lower Alsace with about 113,000 inhabitants. This modern town, with close commercial and cultural connections to France, Switzerland and Germany, has had an eventful past. It was a Free City of the Empire, a member of the Decapole or Alsatian League, was allied with the Swiss confederation in the 15th century and only became French in 1898. Medieval Mulhouse was famous for its powerful guilds and the town rapidly rose to new prosperity after the introduction of the textile industry in 1746.

BUGATTI 57C
BERLINE 1938
8 CYL EN LIGNE 3257CM3 160CV A 5600 T/MN
2 ARBRES A CAMES EN TETE, 1 COMPRESSEUR 180 KM/H

Das Städtchen Ferrette, auf den ersten Ausläufern des elsässischen Jura-Gebirges gegründet, war einst die Hauptstadt des Sundgau. Die Grafschaft, der sie angehörte, war zunächst Besitz der Valentiner Herzöge und gehörte dann der Grimaldi-Dynastie. Daher trägt der Prinz von Monaco ebenfalls den Titel Herzog von Ferette. – Die Hauptstraße ist von hübschen alten Häusern gesäumt. Der Glokkenturm der spätgotischen Kirche blieb bis heute erhalten. Durch das Südtor führt ein Wanderpfad zu den Ruinen zweier Schlösser.

La petite cité de Ferrette, construite sur les premiers contreforts du Jura alsacien, est l'ancienne capitale du Sundgau. Le comté dont elle faisait partie appartint autrefois aux ducs de Valentinois puis à la dynastie des Grimaldis, ce qui explique pourquoi le prince de Monaco porte également le titre de comte de Ferrette. La rue principale est bordée de jolies maisons anciennes. L'église néo-gothique a conservé son clocher du 15e siècle. Par la porte Sud, un sentier conduit aux ruines des deux châteaux qui dominent le village.

The little town of Ferrette, set among the foothills of the Alsatian Jura, was once the capital of the Sundgau. It was part of an area ruled by the Dukes of Valence but ownership subsequently passed to the Grimaldi dynasty and the Prince of Monaco still retains the title of Duke of Ferrette. The main street is lined with quaint old houses, though of the original parish church only the bell tower remains. A footpath leads through the south gateway up to two ruined castles; visitors who reach the higher of the two are rewarded with a breathtaking view of the Jura and the Black Forest.

Hohe Ulmen stehen wie Wächter vor der Kirche in St.-Blasius in der Nähe von Leymen. Der Sundgau erstreckt sich südlich von Mülhausen bis zur Schweizer Grenze. Früher bezeichnete dieser Name das gesamte obere Elsaß und der Nordgau das Unterelsaß. Der Sundgau ist ein landwirtschaftliches Gebiet mit idyllischen Dörfern, durchzogen von Wäldern, Teichen und Wasserläufen, u.a. von der Ill und ihren Nebenflüssen. Die Mühle von Hesingen, die heute noch in Betrieb ist wurde zum ersten Mal in einem von 1379 stammenden Dokument erwähnt.

Des ormes somptueux forment un écrin autour de l'église Saint-Blaise qui se dresse près de Leymen. Le Sundgau qui s'étend du sud de Mulhouse à la frontière suisse, signifie »comté du sud«. Autrefois, ce nom désignait toute la haute Alsace comme le Nordgau était l'appellation du Bas-Rhin. Le Sundgau est une région de prairies et de cultures coupées de forêts, parsemée d'étangs et traversée de nombreux cours d'eau dont l'Ill et ses affluents. Le moulin de Hésingue, toujours en activité est mentionée pour la première fois dans un document datant de 1379.

Leafy elms surround the church of St Blasius near Leymen. The area known as the Sundgau extends from south of Mulhouse to the Swiss border, although the name Sundgau was once applied to the whole of Upper Alsace, and what is now Lower Alsace used to be known as Nordgau. The Sundgau is an rural area of rich meadows and agricultural land interspersed with woodland, ponds, and rivers such as the Ill and its tributaries. The picturesque mill at Hesingen, which is still in use, was first mentioned in a document dating from 1379.

Leymen liegt am Fuße von grünenden Hügeln, zwischen denen sich die Touristenroute des „Gebratenen Karpfens" schlängelt. Vom Dorf steigt man hoch zum sogenannten Tannenwald, dann zum Schloß Landskron, einem Privatbesitz der Barone von Rheinach. Früher gehörte das Schloß den Bischöfen von Basel, dann den Habsburgern und schließlich dem französischen König Ludwig XIV, der es vom Bauherrn Vauban befestigen ließ. Es diente als Gefängnis, bis es 1813 von den Österreichern zerstört wurde. Vom Bergfried aus kann man die Sicht auf Basel, das Jura-Gebirge und den Schwarzwald genießen.

Leymen se niche au pied de collines verdoyantes entre lesquelles serpente la route touristique de la Carpe frite. Depuis le village, on monte au lieu-dit Tannenwald, puis au château du Landskron, propriété privée des barons de Reinach. Le château appartint autrefois aux évêques de Bâle, aux Hasbourg puis au roi de France Louis XIV qui le fit fortifier par Vauban. Il servit de prison avant d'être détruit par les Autrichiens en 1813. Du donjon, on a un panorama magnifique sur Bâle, le Jura, le Sundgau et la Forêt-Noire.

The tourist highway with the intriguing name of the "Fried Carp Route" meanders through the hilly forests above Leymen near the Swiss border. From the village it is possible to climb up through the woods to the ruined Château Landskron, owned by the Barons of Rheinach. Once the property of the Bishops of Basle, it later passed to the Habsburgs and then to Louis XIV, who had it fortified by his great military engineer Vauban. It served as a prison till it was destroyed by the Austrians in 1813. From the castle keep there is a superb view of Basle, the Jura and the Black Forest.

In Strasbourg haben wir den Rhein verlassen: in Breisach-am-Rhein am deutschen Ufer, gelangen wir wieder zum Fluß. Die französische Stadt wurde gebaut, als der König von Frankreich, Ludwig XIV, Alt-Breisach an den Kaiser von Österreich abtreten mußte, das zuvor durch den Westfälischen Frieden von Frankreich annektiert worden war. Der 1298 km lange Rhein ist, nach dem Mississippi-Missouri, der meistbefahrenste Flußverkehrsweg der Welt. Von Huningen bei Basel bis Breisach fährt man nicht auf dem romantischen Fluß, sondern auf dem Elsässer Kanal, der 1907 angelegt wurde.

Nous avions quitté le Rhin à Strasbourg, nous le retrouvons à Breisach-am-Rhein située sur la rive allemande en face de Neuf-Brisach. La ville française fut construite quand le roi de France Louis XIV dut rendre à l'empereur d'Autriche Alt-Breisach qu'il avait annexée au Traité de Westphalie. Long de 1298 km, le Rhin est la voie de communication fluviale la plus fréquentée du monde après celle du Mississippi-Missouri. De Huningue près de Bâle à Brisach, on ne suit pas le fleuve romantique mais le canal d'Alsace aménagé à partir de 1907.

We left the Rhine in Strasbourg and join it again in Germany at Breisach, opposite Neu-Breisach on the French side. In 1648 Breisach fell to France. Twenty years later Louis XIV, forced to return this strategically-placed town to the Austrian Emperor, built his own fortified town of Neu-Breisach on the oppposite bank. After the Missippi-Missouri the Rhine, 1,298 km. long, carries the most river traffic in the world. From Huningen to Breisach we follow the Alsace Canal, built in 1907. In 1959 it was agreed the Rhine and the canal should be linked to form an interconnected waterway.

LES DUCHÉS
DE LORRAINE,
ET DE BAR,
ET LES EVÊCHES DE
METZ, TOUL, ET VERDUN;
avec les Généralités de Nancy
et de Metz &c.
et toutes les Routes et Chemins de
communication des Villes et Bourgs,
ainsi que les traverses que tiennent
les Troupes par rapport aux Etapes
et les Distances en lieuës d'usage
dans chaque Province.
a Paris chez le S. Desnos
Rue St. Jacques au
Globe 1771.
LUXEMBOURG
DUCHÉ DE BAR
DE LORRAINE
NANCY
METZ
TOUL
VERDUN
COMTÉ DE CLERMONT

BILDNACHWEIS / INDICATION DE LA SOURCE / mention of sources used

Fridmar Damm	Seiten:	57, 58, 59, 60, 61 (3), 63 (2), 64, 65, 67, 68, 69, 70, 73, 74, 76, 79, 80, 81, 82, 83, 90, 92, 94, 98, 99 u. Titelbild, 100, 101, 102, 110, 111 u. Rücktitelbild, 112, 113, 116/117, 118, 119, 120, 121, 122, 135, 138 (2), 144
Horst Ziethen		61 u.r., 62, 66, 71, 72, 75, 77, 87, 88, 91, 93, 96, 97, 103, 104, 105, 106 (2), 107, 108, 109, 114, 115, 124, 125, 126, 127, 128, 129, 133, 134, 136, 137, 139 (2), 140, 141, 142, 143
Stuttgarter Luftbild Elsässer GmbH		84/85, 89, 123, 132
BA Silvestris/Eckhardt		78, 95, 130/131
BA Helga Lade/Steinicke		86
KARTEN auf den Vordersatzseiten:		Archiv Horst Ziethen